# INSTRUCTIONS

# DU COMITÉ HISTORIQUE

## DES ARTS ET MONUMENTS.

---

## ARCHITECTURE GALLO-ROMAINE

### ET ARCHITECTURE DU MOYEN AGE

PAR MM. MÉRIMÉE, ALBERT LENOIR, AUGUSTE LEPRÉVOST ET LENORMANT,

MEMBRES DU COMITÉ.

---

## INSTRUCTIONS SUR LA MUSIQUE

PAR M. BOTTÉE DE TOULMON, MEMBRE DU COMITÉ.

I0391905

# PARIS.

## IMPRIMERIE IMPÉRIALE.

M DCCC LVII.

# INSTRUCTIONS

# DU COMITÉ HISTORIQUE

## DES ARTS ET MONUMENTS.

### 1837–1849.

# LE MINISTRE SECRÉTAIRE D'ÉTAT

## AU DÉPARTEMENT DE L'INSTRUCTION PUBLIQUE,

## A M....................

### CORRESPONDANT DU MINISTÈRE DE L'INSTRUCTION PUBLIQUE POUR LES TRAVAUX RELATIFS À L'HISTOIRE DE FRANCE.

MONSIEUR,

Je vous ai demandé il y a quelque temps de diriger vos recherches sur les documents inédits relatifs à l'histoire de la philosophie, des sciences et des lettres : il me reste maintenant à appeler votre attention sur un autre ordre de documents non moins importants, mais qui demandent des investigations d'un genre tout particulier.

Depuis les Gaulois jusqu'à nos jours des monuments de toute espèce ont couvert le sol de la France. Quelques-uns ont complétement disparu, d'autres, encore en grand nombre, restent debout ou nous sont signalés par leurs ruines. Ces monuments, qui révèlent à l'artiste les variations successives de l'art et du goût, peuvent aussi fournir à l'historien d'utiles indications sur l'état politique, intellectuel, moral et industriel de chaque siècle. Tantôt c'est une inscription qui se déroule sur le bois, sur la pierre, sur le verre ou sur le métal : le monument alors fait l'office d'un manuscrit ; tantôt c'est la grandeur des constructions, le caractère du travail, la nature et le choix des emblèmes qui deviennent autant de révélations pour l'historien, et qui mettent en relief des faits que la lettre morte des documents écrits ne pourrait pas même laisser apercevoir.

Il n'y a pas encore longtemps qu'on a reconnu combien les études historiques doivent emprunter de secours à l'étude des monuments. Les hommes laborieux des deux derniers siècles, qui ont sauvé d'une destruction inévitable un si grand nombre de chartes et de pièces manuscrites en les faisant revivre par leurs patientes transcriptions, ont laissé se dégrader et s'écrouler sous leurs yeux cette innombrable variété de monuments que les siècles passés avaient entassés sur tous les points du royaume. Si des dessins et des descriptions fidèles nous en avaient reproduit les formes et les dimensions, si seulement un relevé exact nous en donnait le dénombrement, que de problèmes pourraient être résolus ! que de lumières sur des questions à jamais douteuses !

Il est trop tard pour réparer ce déplorable oubli ; mais plus nos regrets sont vifs, plus rigoureux est le devoir de ne pas mériter à notre tour les reproches des siècles à venir. Nos richesses monumentales, quoique décimées depuis cinquante ans, égalent encore en beauté et surpassent en variété celles de tous les autres pays de l'Europe. Notre premier soin, assurément, doit être de travailler à leur conservation, de les entourer de respect et de prolonger leur durée. Mais, quoi que nous fassions, ces pierres sont périssables, et le jour viendra où la postérité en cherchera vainement la poussière. Qu'il en reste au moins une image, un souvenir. Que partout où un monument existe aujourd'hui on sache à jamais qu'il a existé ; que ses proportions, sa figure, son importance, sa destination soient religieusement conservées, et que les historiens futurs puissent en retrouver dans tous les temps une trace impérissable.

C'est pour accomplir cette œuvre difficile, ce travail tout nouveau, qu'on fait appel à la patience et aux efforts de MM. les correspondants. Il s'agit de dresser la carte monumentale de la France. Les 37,200 communes devront être visitées, explorées en tout sens. Il ne faut pas qu'il existe un seul monument, un seul fragment de ruine, à quelque siècle, à quelque civilisation qu'il appartienne, sans qu'il en soit fait mention, ne fût-ce que pour constater qu'il ne mérite pas qu'on l'étudie.

Sans l'assistance active et laborieuse de MM. les correspondants, un tel plan serait chimérique. N'oublions pas que chaque jour voit disparaître quelques-uns de ces monuments dont nous voulons perpétuer le souvenir. Ceux que les années épargnent encore, l'ignorance les mutile ou les profane. Il faut donc que cette vaste statistique, sous peine d'être impuissante, soit promptement terminée. C'est assez dire que, pour en recueillir les éléments, il est nécessaire que de toutes parts et en même temps on se mette à l'ouvrage.

Mais ici une difficulté se présente. Une œuvre confiée à tant de mains à la fois ne manquera-t-elle pas d'ensemble et d'unité? La science archéologique ne possède pas encore sa nomenclature. Que de disparates, que de contradictions et d'obscurités si chacun décrit les monuments avec une phraséologie particulière, s'il juge de leur antiquité d'après des systèmes différents! Cette bigarrure nous jetterait dans un vague et dans une indécision qu'un travail scientifique doit éviter à tout prix. Aussi ai-je pensé qu'il était indispensable que le comité institué pour présider à ce genre de travaux indiquât à MM. les correspondants, dans des instructions précises et techniques, le plan d'après lequel les recherches devront être entreprises, les expressions qui devront être consacrées à la description de telle ou telle partie des monuments, et, enfin, les signes caractéristiques qui serviront à les classer et à déterminer l'époque qui les a vu construire. Ce n'est qu'en se conformant à ces instructions et en les suivant littéralement qu'on évitera toute ambiguïté, et que nous pourrons donner à l'ensemble du travail cette unité qui seule peut en assurer le succès.

J'ai l'honneur de vous transmettre dès aujourd'hui la première partie des instructions adoptées par le comité, savoir : celles qui se rapportent aux monuments élevés en France avant l'établissement définitif du christianisme, soit par les Gaulois, soit par les Grecs et les Romains, et celles qui concernent les monuments chrétiens. M. Albert Lenoir a rédigé la partie de ces instructions qui est relative aux monuments religieux et civils des Gaulois, des Grecs, des Romains et des chrétiens, jusqu'au xi^e siècle; M. P. Mérimée s'est chargé des voies et des camps; à M. Ch. Lenormant appartiennent les instructions sur les monuments meubles : armes, poteries, ustensiles et monnaies. Ultérieurement seront publiées les instructions relatives aux monuments chrétiens du xi^e au xvi^e siècle.

Je n'ai pas besoin de vous dire qu'indépendamment de cette division chronologique en deux grandes époques, païenne et chrétienne, nos monuments se subdivisent naturellement d'après leur destination. On peut les classer en religieux, militaires et civils. Cet ordre sera celui des instructions suivantes, et en outre elles distingueront encore, dans chacune de ces trois classes, deux sortes de monuments, les monuments fixes ou constructions adhérentes au sol, et les monuments meubles, afin de rendre moins confuse et plus accessible aux recherches cette multitude presque infinie d'objets.

Recevez, Monsieur, l'assurance de ma considération distinguée.

LE MINISTRE DE L'INSTRUCTION PUBLIQUE.

# INSTRUCTIONS
## DU COMITÉ HISTORIQUE
### DES ARTS ET MONUMENTS.

## MONUMENTS FIXES.

### PREMIÈRE ÉPOQUE. — INDÉPENDANCE GAULOISE.

#### PREMIÈRE PARTIE. — MONUMENTS RELIGIEUX.

##### § I. RELIGION DES GAULOIS.

A très-peu d'exceptions près les monuments gaulois portent tous le caractère religieux. Nous aurons à peine quelques mots à dire sur les vestiges de constructions militaires et d'habitations civiles que certaines provinces peuvent posséder encore, tandis que les monuments consacrés, soit à la Divinité, soit à la mémoire des morts, sont tellement nombreux qu'ils méritent une étude sérieuse et toute particulière. Malheureusement, pour obtenir des notions exactes sur ces monuments, il nous manque une donnée première. Nous ignorons presque entièrement quelles étaient les croyances religieuses des premiers Gaulois : les monuments écrits ne nous l'apprennent pas, et les monuments figurés ne nous fournissent aucun renseignement, ne nous conduisent à aucune induction qui résolve le problème. Les pierres dites Druidiques ne révèlent point un culte qu'on puisse définir : elles n'indiquent aucun attribut spécial de la Divinité. Il est presque impossible de ne pas leur reconnaître un caractère religieux, mais ce ne sont que de grossiers symboles de l'idée qui s'empare de tous les peuples à leur naissance, l'idée de la puissance créatrice de ce monde. Avant de comprendre Dieu, l'humanité l'adore : pour l'adorer, il lui faut une image, et cette image est nécessairement aussi informe que l'idée qu'elle représente est obscure. Il est donc probable, que lors même que nous pourrions ressusciter les cérémonies dont ces pierres druidiques furent sans doute témoins, nous ne leur trouverions aucun sens précis, aucune signification déterminée : en un mot, nous n'avons rien de net, rien de clair à apprendre sur la religion des Gaulois, tant qu'ils demeurent indépendants, et que du fond de leurs forêts ils échappent à toute influence étrangère.

Mais un jour moins douteux nous éclaire dès que la civilisation grecque et romaine commence à prendre racine sur leur sol : alors l'image de la Divinité n'est plus quelque chose d'inerte, d'enveloppé, d'inintelligible : elle se personnifie et revêt une foule de figures à la fois variées et caractéristiques. Dans cette multiplicité de dieux qui apparaissent tout à coup, et qui disputent aux blocs druidiques leurs adorateurs, tout n'appartient pas cependant à l'imitation et aux influences extérieures ; une forte empreinte nationale et indigène s'y fait toujours sentir. A l'exception de ce que nous appellerons la religion politique, religion imposée à la Gaule par ses vainqueurs, la nouvelle manière d'adorer la Divinité, quoique d'origine étrangère, n'en est pas moins toute gauloise. Partout, il est vrai, vous retrouvez le culte d'Auguste et de la Victoire. C'est là le mot d'ordre du conquérant, c'est une consigne officielle et partout semblable. Mais, quant aux formes et aux dénominations purement religieuses appartenant au culte romain, vous ne les voyez se répandre qu'en subissant une foule de mutilations et de travestissements. Les cultes de Minerve, de Cérès, de Neptune, sont très-rares : il n'y a guère que cinq divinités qu'on rencontre assez généralement honorées dans toutes les parties de la Gaule : Hercule et Mercure, chacun avec des attributs particuliers et complétement gaulois; Jupiter, tantôt purement celte, quand il porte le sagum et le vase à boire de nos ancêtres, tantôt participant du Sérapis égyptien, alors que le modius est placé sur sa tête; Bacchus, qui paraît avoir été importé principalement par les Grecs, à en juger par les noms de Dionysius, Eleutherius, qui lui sont presque toujours donnés; et enfin la Déesse Mère introduite par les Phocéens, comme Diane éphésienne, renouvelée sous la forme phrygienne après l'établissement des Galates en Asie et par suite des rapports que ces peuplades émigrées conservèrent avec la mère patrie. Cette Déesse Mère est tantôt l'Isis égyptienne, tantôt la Vénus grecque : elle semble composée des lambeaux de toutes sortes de croyances que les Gaulois, dans leurs courses aventureuses, avaient empruntées à des civilisations plus avancées que la leur.

Mais ces cultes d'emprunt, ces bigarrures exotiques ne pénétrèrent jamais bien avant dans les mœurs. Les vieilles superstitions domestiques avaient des racines plus profondes, et devaient être bien autrement vivaces. Pendant que de fragiles idoles se succédaient au gré de l'imagination capricieuse d'un peuple avide de nouveautés, on voyait se perpétuer ces adorations vagues, mystérieuses, indéterminées; ces pratiques de théurgie naturelle, premiers instincts d'une société demi-sauvage, et qui, pendant si longtemps, avaient été son unique religion. Aussi lorsque le christianisme s'en vint planter la croix sur le sol des Gaules, il eut bon marché de tous ces autels élevés par ordre des empereurs : il mit bientôt en poussière toutes ces images importées de l'Asie ou de Rome; mais il lui fallut transiger avec les croyances indigènes. Ces puissances invisibles, ces femmes mystérieuses qui, sous le nom de fées, exerçaient un si merveilleux empire, continuèrent d'habiter leurs grottes et leurs forêts; la vénération attachée aux montagnes, aux sources, aux rochers, se perpétua de siècle en siècle, et de nos jours on peut encore en retrouver des traces dont l'étude est pleine d'attraits, et qu'il importera de constater [1].

Ainsi trois époques bien distinctes dans la religion des Gaulois : d'abord une adoration des puissances mystérieuses de la nature, adoration qui s'adresse à des symboles dont il nous reste encore des vestiges, mais dont la véritable signification nous échappe; ensuite, sous la domination étrangère, invasion du polythéisme grec et romain; mais, pour se faire accepter, il faut que ce polythéisme se déguise, et qu'il laisse subsister à ses côtés les vieilles croyances nationales; enfin, lorsque le christianisme a terrassé le polythéisme grec et romain, un reste de vie anime si fortement encore les superstitions primitives, que de nos jours, après tant de siècles, nous en apercevons les dernières lueurs.

Nous n'insisterons pas plus longtemps sur ces observations préliminaires, et nous passerons immédiatement à l'étude des monuments.

---

[1] On examinera les traditions qui prêtent des vertus miraculeuses aux sources et fontaines; on indiquera aussi les clairières et carrefours des forêts habités par les *dames* ou fées, les excavations, les grottes, les pointes de rochers, les falaises, etc., que la superstition révère, et qui sont en général désignés par les noms de châteaux du Diable, maisons de Gargantua, roches aux Fées, baumes des Dames, etc.

## §. II. PIERRES DITES DRUIDIQUES.

On trouve en France, comme dans tout le nord de l'Europe, un vaste système de monuments qui, sans offrir aucune des conditions de l'art, présentent cependant entre eux assez de similitude pour faire reconnaître qu'une même pensée présidait à leur exécution.

Ces monuments se composent en général de fragments de rochers, de pierres dont la forme est plus ou moins irrégulière, dont les dimensions sont plus ou moins grandes, tantôt isolées, tantôt disposées en groupes d'après des lois qui paraissent constantes.

Dans les contrées qui offrent des restes de ces monuments, les premières études doivent faire distinguer les masses élevées à main d'homme de celles que la nature s'est plu à isoler.

Lorsqu'on aura constaté par l'aspect du terrain que le transport et la pose de ces pierres ne peuvent être que le résultat des efforts de l'homme, la qualité de la roche, la distance du gisement qui en fournit la matière, la direction qui put être suivie après l'exploitation jusqu'au lieu où le monument fut consacré, présenteront des observations importantes à consigner.

On notera les dimensions des monolithes, en hauteur, largeur, épaisseur; leurs distances respectives, s'ils forment un groupe. Dans ce travail géométrique on devra employer le mètre comme unité de mesure.

On désigne par le nom de Men-hir ou Peulvan les longues pierres debout et isolées qui se présentent fréquemment dans l'ouest de la France. Les traces de rainures ou d'inscriptions, les intentions de sculpture et d'ornements qui pourraient s'y rencontrer doivent être levées avec soin.

MEN-HIR.

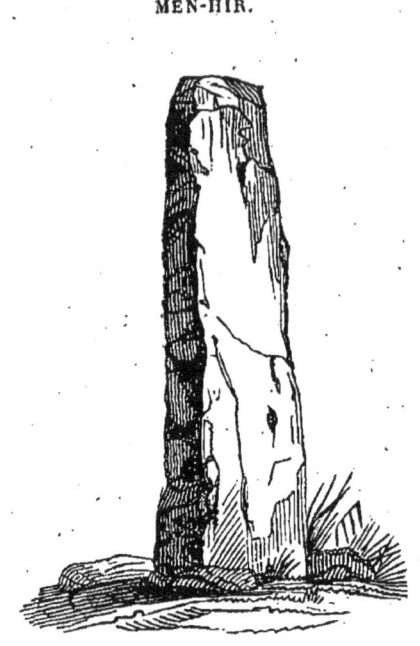

Les pierres druidiques sont rarement seules dans une même contrée; les rapports qui existent entre ces pierres seront le sujet d'un plan mesuré si elles sont voisines, d'une triangulation si les distances qui les séparent ne permettent pas de juger d'abord de leurs positions relatives. Des men-hirs, désignés sous le nom de hautes bornes, paraissent situés sur les frontières des nombreuses provinces qui formaient la Gaule : ces monuments peuvent guider dans l'étude des divisions positives de la topographie antérieure à la conquête romaine.

Des pierres debout, alignées comme des arbres, occupent une superficie considérable; tel est l'aspect que présente le monument de Carnac : cette disposition est désignée par les noms d'alignement, d'allées non couvertes. Des groupes de pierres alignées ou en cercles présentent à leur sommet des mortaises qui furent destinées à recevoir des architraves; les portes rustiques qui résultent de cette disposition se nomment Lichavens, l'étendue des mortaises, leur disposition, la distance qui les sépare deux à deux seront des sujets d'études mesurées et dessinées.

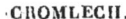

CROMLECH.

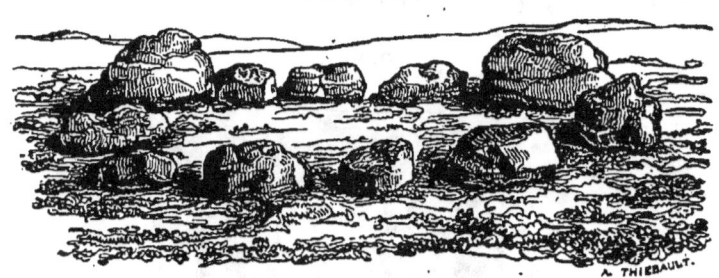

Les cercles de pierres, les combinaisons elliptiques ou en spirale formées par des roches peu élevées semblent tenir à des idées astronomiques; ces courbes, de quelque nature qu'elles soient, doivent être levées géométriquement; il importe de reconnaître le nombre des roches qui les composent. Leur ensemble est désigné par le nom de Cromlech.

PIERRE TOURNANTE.

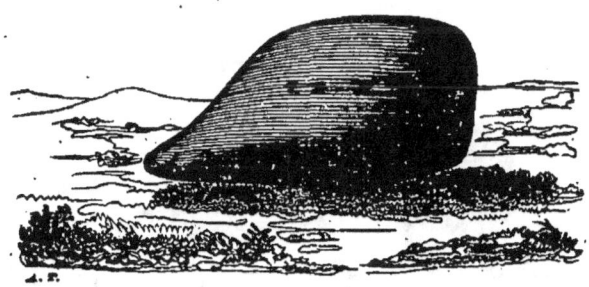

Des masses placées en équilibre sur des bases solides peuvent recevoir un mouvement d'oscillation plus ou moins développé, d'autres roches tournent sur un pivot; nommées pierres branlantes, pierres croulantes et tournantes, elles seront examinées et reproduites, les unes de manière à faire connaître le degré d'inclinaison qu'elles peuvent prendre relativement à l'horizon, les autres dans leur mouvement de rotation comparé à celui de la boussole. On cherchera leur centre de gravité et les moyens qui purent être employés dans la pose.

On nomme Dolmen une table de pierre formée d'une masse plate portée horizontalement par plusieurs roches verticales. On considère ces monuments comme des autels gaulois.

DOLMEN.

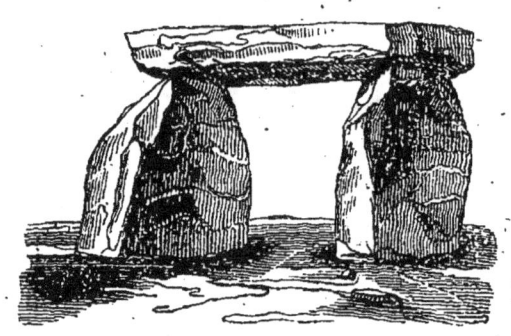

Le demi-dolmen est une pierre inclinée qui est soutenue par une de ses extrémités seulement, l'autre posant sur le sol. On examinera si le demi-dolmen ne serait pas le résultat d'accidents arrivés à un dolmen complet.

DEMI-DOLMEN.

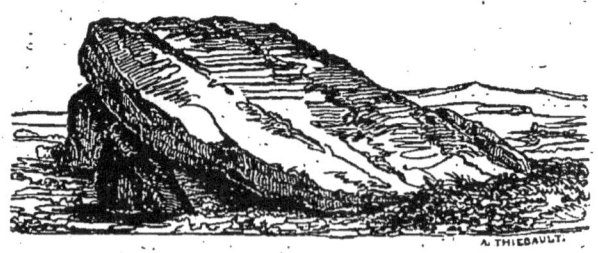

La table des dolmens est quelquefois percée d'un ou de plusieurs trous ; il est important d'étudier si toute la superficie de la pierre offre une pente ou des rainures dirigées vers les points perforés ou vers les extrémités. L'orientation du monument peut servir à fixer son origine et ne doit pas être négligée.

Le nom d'allées couvertes est donné à de longues suites parallèles de pierres dressées et portant des masses placées horizontalement pour former un toit. On examinera avec soin ceux de ces monuments qui, par leur symétrie, par l'étude apportée dans la pose et l'ajustage des pierres, pourraient indiquer un progrès dans l'exécution, et faire entrevoir l'usage d'instruments tranchants.

ALLÉE COUVERTE.

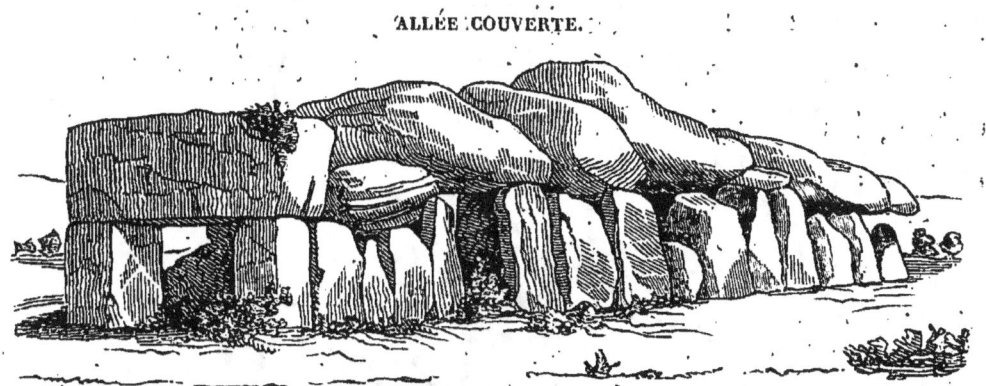

Des pierres enchaînées deux à deux, des roches de formes singulières ou présentant un passage au milieu de leur masse, des blocs de matières précieuses[1] et de produits naturels fort rares dans une contrée, sont devenus des sujets de pèlerinages en raison des vertus que leur attribue la superstition. Abandonnées à elles-mêmes, loin des routes et de toute habitation, d'autres pierres conservent des traces d'usages inconnus; elles seront toutes dessinées et accompagnées des traditions alors que la moindre indication démontrera qu'elles ont été travaillées ou seulement transportées par les hommes.

On décrira scrupuleusement les terrains voisins des monuments druidiques, et, dans le cas où des fouilles y auraient été pratiquées, un procès-verbal évitera pour l'avenir de nouvelles et infructueuses recherches.

[1] Aérolithes et masses de métaux natifs.

Les pierres consacrées par la tradition gauloise sont de nature à être exploitées de nos jours par l'industrie; on s'efforcera de sauver de la destruction ces monuments historiques.

### § III. BARROWS ET TOMBELLES.

L'usage de décorer et de protéger les sépultures par des monticules ou tombeaux en terre fut presque universel dans l'antiquité. On trouve en France de nombreux exemples de ces tombeaux, qui paraissent avoir été élevés, soit par les Celtes, les Kimris et les Gaulois, soit après eux par les Romains, et enfin par les peuples du Nord.

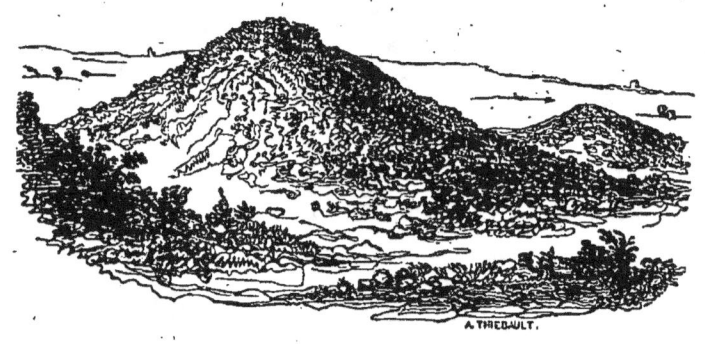

A. THIÉBAULT.

Les dimensions de ces collines factices varient en raison du nombre d'individus qui y furent inhumés : leur forme est allongée à la base lorsqu'on a voulu en faire des sépultures communes, nommées depuis ossuaires; elle est arrondie quand l'inhumation est simple. Le squelette est placé sur le sol, sous la tête se trouve assez généralement une arme; une grosse pierre couvre la partie supérieure du corps; des ossements d'animaux l'entourent quelquefois. Ces sépultures doivent être fouillées en les coupant en croix par le milieu.

Une coupe indiquant le gisement des corps et leur position orientée, des mesures de diamètre et de hauteur, un plan de ces fouilles et un procès-verbal, tels sont les travaux qu'exige chacun de ces barrows.

Lorsque la tombelle, par sa grande étendue, peut être considérée comme un ossuaire, elle présente des dispositions intérieures de plusieurs natures : des chambres sépulcrales formées de pierres brutes, réunies comme des dolmens, renferment un ou plusieurs individus couchés ou assis; des couloirs conduisent à ces cryptes, et souvent une galerie commune est destinée au service de tous les caveaux.

Dans d'autres exemples, une chambre allongée, formée comme les galeries couvertes, réunit les corps qui reçurent une sépulture commune; enfin, dans ces ossuaires, les constructions sont quelquefois en pierres cimentées : c'est alors qu'en étudiant les divers ustensiles trouvés dans la sépulture on peut décider si elle est gauloise ou romaine. Les fouilles de ces ossuaires demandent plus de soin que celles des tombeaux simples, afin de ne pas les détruire en les ouvrant. Si la colline factice est allongée, elle peut être entamée par une des extrémités, ordinairement soumises à l'orientation.

Dans les plans et coupes, tracés avec beaucoup de soin, le nombre et la forme des pierres brutes qui composent les cryptes sont des détails importants à indiquer.

Une couche d'argile était ordinairement placée dans les parties basses pour les préserver de l'humidité : les procès-verbaux doivent faire mention de cette circonstance.

Les tombelles sont quelquefois réunies en grand nombre; elles forment alors des cimetières près des *oppida,* dans leur enceinte, ou sur un champ de bataille. Placées sur une même ligne, il est nécessaire d'en indiquer la direction orientée, ainsi que les hauteurs respectives.

Les tombelles funèbres arrêtées à leur base par un cercle

en pierres brutes ou appareillées peuvent offrir d'utiles observations relatives à la construction. Les galgals sont formés de pierres amoncelées.

## DEUXIÈME PARTIE. — MONUMENTS MILITAIRES.

Les collines factices ne furent pas toutes destinées aux sépultures : on en voit qui sont tronquées par le haut, entourées d'un fossé, et qui peuvent être considérées comme des forts destinés à défendre un point important ; le nom de Mottes leur est assez généralement donné. Une coupe de terrain doit indiquer si des tranchées voisines ou des ravins naturels ne lient point ces forts à un système de défense plus étendu.

Dans les plaines sujettes à inondation il peut arriver que des cônes en terre aient été élevés comme lieux de refuge.

Ces mottes sont à peu près les seuls vestiges de monuments à proprement parler militaires qu'on puisse faire remonter à l'époque de l'indépendance gauloise. Toutefois on trouve aussi dans quelques provinces de vastes enceintes, construites évidemment de main d'homme, et qui, trop irrégulières pour être des camps romains, sont, d'après toutes les probabilités, l'enveloppe extérieure de ces *oppida* dans lesquels se réfugiaient les populations gauloises à l'approche de l'ennemi. Les archéologues ne s'accordent pas sur la question de savoir si, indépendamment de ces lieux de refuge, les Gaulois avaient des villes permanentes fortifiées, dans l'acception que nous donnons à ce mot. Quoi qu'il en soit, on recherchera dans les masses mêmes des talus qui forment la clôture des *oppida*, si quelques traces de constructions militaires ne s'y seraient point conservées ; on y pourra trouver des renseignements utiles pour résoudre la question relative au mode d'appareil adopté par les Gaulois.

## TROISIÈME PARTIE. — MONUMENTS CIVILS.

Les *oppida* ou enceintes fortifiées des Gaulois ne présentèrent probablement point à l'intérieur les dispositions d'alignements et de rues comme nos villes; on n'y trouvait que les conditions d'un lieu de refuge ou *castrum*. Les habitations qu'elles renfermaient ne furent donc que des demeures incommodes dont on peut trouver le souvenir en examinant le sol de ces enceintes, en y faisant des fouilles dirigées avec soin. M. Féret a reconnu, dans la cité de Limes, auprès de Dieppe, des habitations composées de fosses circulaires qui probablement étaient recouvertes de branches d'arbres.

On trouve dans plusieurs parties du Berry, mais principalement dans l'arrondissement d'Issoudun, de vastes excavations en forme de cônes tronqués renversés, dont la courbe est trop régulière pour ne pas avoir été faite à main d'homme. On les appelle dans le pays Mardelles, Margelles ou simplement Marges, et la tradition leur assigne une haute antiquité. Elles sont placées d'une manière irrégulière dans les champs, quelquefois réunies en grand nombre dans un petit espace; mais toutes, sans exception, offrent ce caractère particulier de ne laisser apercevoir dans les environs aucune trace du déblai auquel leur construction a dû donner lieu; et cependant le volume de ce déblai se monte, pour quelques-unes d'elles, à 11,000 mètres cubes. Leurs dimensions sont très-variables; il y en a de 150 mètres de large et de 6 à 8 mètres de profondeur; généralement elles sont moins grandes.

Jusqu'à présent on ignore l'usage auquel les mardelles ont

pu servir. On les rencontre dans toute sorte de terrains, de façon qu'on ne peut les considérer comme produites par l'extraction de matériaux employés dans les constructions. Les paysans prétendent qu'elles servaient à mettre des troupes en embuscade; cette opinion n'est pas plus vraisemblable que celle qui tendrait à voir dans les mardelles de vastes silos. Il est du reste à remarquer que plusieurs d'entre elles sont l'objet de croyances superstitieuses.

Les mardelles ne sont pas seulement particulières au Berry; elles paraissent exister aussi en Écosse, et on les rencontre en assez grand nombre dans plusieurs cantons de la Normandie.

## DEUXIÈME ÉPOQUE. — COLONISATION GRECQUE.

### PREMIÈRE PARTIE. — MONUMENTS RELIGIEUX.

La colonisation grecque, répandue sur tout le littoral de la Méditerranée, occupa les côtes méridionales de la France : peut-être même doit-on reconnaître la présence antérieure des Phéniciens ou des Ligures dans quelques constructions et excavations situées vers les bouches du Rhône, et analogues à celles qu'on désigne abusivement sous le nom de constructions cyclopéennes.

CONSTRUCTION CYCLOPÉENNE.

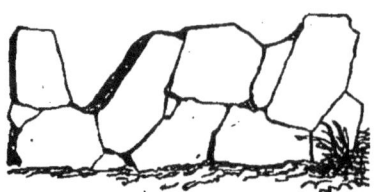

Dans les recherches relatives à ces faits importants, on considérera comme de nature à éclaircir la question toutes constructions qui portent le caractère de l'antiquité, quels que soient d'ailleurs les formes et l'appareil des pierres qui les composent. Des dessins exactement mesurés et donnant les contours des pierres sont indispensables à cette étude.

Marseille, Antibes, Agde et les autres colonies helléniques dont la désignation manque au texte de Scylax doivent présenter encore des souvenirs de leur origine.

Marseille, centre de la colonisation, a été trop négligée jusqu'à ce jour sous le point de vue de ses relations avec le monde connu des anciens, et sous celui de son étendue, de ses monuments religieux et civils. Son acropole décrite par Strabon et César, l'enceinte de la ville, les envahissements de la mer, l'emplacement et l'étendue de l'ancien port, sont des sources d'investigation dont on comprendra toute l'importance.

Dans la première période de la puissance hellénique les temples, composés d'une étroite *cella* entourée de colonnes, présentent toujours les formes simples et sévères de l'ordre dorique ; les triglyphes et le chapiteau en forme de coupe surmontée d'un épais tailloir sont des caractères trop connus pour qu'il soit nécessaire de les développer ici.

L'église cathédrale de Marseille, située dans l'ancienne ville, peut fournir, ainsi que Saint-Sauveur et d'autres édifices religieux, quelques notions relatives aux temples célèbres de l'acropolis et de la ville antique. C'est parmi les matériaux qui servirent à la construction de ces églises qu'on peut rencontrer quelques fragments grecs ; les fouilles exécutées dans les environs pour les particuliers seront suivies avec soin. Les anciens édifices extérieurs des autres villes de la côte déjà mentionnées plus haut, et qui purent appartenir à la colonisation grecque, seront de même l'objet d'investigations minutieuses de la part de MM. les correspondants.

Pendant la seconde période de l'art grec les ordres ionique et corinthien se développèrent, et les temples prirent un autre aspect : les chapiteaux se décorèrent de palmettes et de feuilles d'olivier ou d'acanthe finement découpées, creusées en biseaux et à vives arêtes. La légèreté du dessin, la représentation fidèle et délicate des productions de la nature, tels sont les caractères distinctifs de l'ornementation grecque de cette seconde époque. Dans les détails d'architecture, les profils des corniches et des architraves, des bases et de leurs supports, sont profondément refouillés et dessinés avec énergie.

Au bas de Vernègues, près de Pont-Royal, sur la route d'Orgon à Lambesc, se voient les restes d'un temple qui par ses proportions et ses détails, par le style de ses ornements, peut être considéré comme appartenant à l'art hellénique.

FEUILLE GRECQUE.

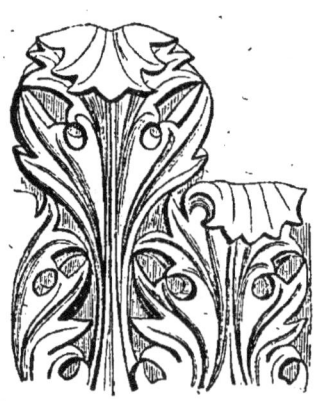

Les autels des Grecs présentent les formes les plus variées ; des ornements d'architecture en décorent la base et le sommet. La sculpture y reproduit souvent les attributs des sacrifices ou des divinités auxquelles ils furent consacrés; quelquefois la représentation de ces divinités elles-mêmes. Élevés dans les temples ou isolément dans les campagnes, ils offrent un égal intérêt; MM. les correspondants signaleront toute découverte de cette nature; des dessins seront joints aux descriptions, et feront connaître, s'il y a lieu, les constructions accessoires, telles que fondations et massifs de pierre qui auraient servi à consolider l'établissement de ces autels.

Les tombeaux peuvent être classés au nombre des monuments religieux. Dans tous les lieux où les Grecs ont établi des colonies, ils ont laissé des témoins de leur respect pour les morts. Des stèles en marbre ou en pierre, des colonnes plus ou moins élevées sont les monuments funèbres les plus communs en Grèce et sur le littoral de la Méditerranée.

STÈLES.

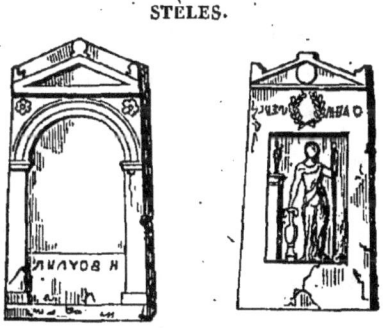

Un ouvrage publié à Marseille en 1773 a fait connaître un grand nombre d'inscriptions grecques gravées sur des tombeaux. Elles n'ont pu disparaître entièrement du territoire marseillais; si de nouvelles recherches mettent sur les traces de ces stèles ou des monuments de même nature qui pourront sortir des fouilles postérieures, il est nécessaire de les faire réunir dans un musée : ces dispositions s'appliquent à toutes les villes de la colonisation grecque.

Il est à souhaiter que ces richesses ne passent point à l'étranger, ce qui est arrivé pour une statue de style grec ancien, peut-être celle de la Diane éphésienne adorée à Marseille, et que possède aujourd'hui la galerie Albani à Rome.

A défaut d'inscriptions grecques sur les stèles ou marbres d'une autre forme, on en reconnaîtra l'origine par la finesse des ornements, par des palmettes légères ou des rosaces gravées au sommet.

PALMETTES GRECQUES.

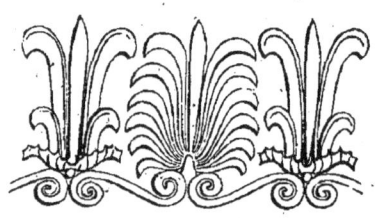

Le territoire marseillais conservait encore dans le siècle dernier quelques monuments funèbres qu'on attribuait aux Grecs; au hameau de la Pène était une pyramide dont on pourra retrouver quelques traces.

Enfin sur le sol de la Provence l'influence de l'art hellénique s'exerça sur les monuments funèbres de l'époque romaine. Le grand tombeau de saint Remy en serait une preuve suffisante; MM. les correspondants peuvent trouver dans cette transition une suite d'observations curieuses à consigner.

### DEUXIÈME PARTIE. — MONUMENTS MILITAIRES.

Les Grecs ont connu l'art de protéger par de fortes murailles leurs villes et les citadelles qui les dominaient. Durant la première période hellénique les constructions militaires furent composées de pierres irrégulières, et communément désignées sous le nom de murs cyclopéens; alors quelques tours pesantes s'élevèrent en saillie sur les courtines : l'irrégularité de l'ouvrage indique clairement l'état encore primitif de la civilisation. Nous avons déjà signalé plus haut ce mode de bâtir et la nécessité d'en dessiner avec soin une à une toutes les pierres, afin de déterminer d'une manière précise le caractère de la construction.

La Grèce, en se plaçant dans une voie de progrès, améliora son système de défense : les pierres furent taillées à l'équerre et prirent des formes régulières; mais par une combinaison sagement entendue on évita de réduire leurs dimensions en abattant les angles qu'elles présentaient en sortant de la carrière; il n'est donc pas rare de rencontrer des assises équarries sur leurs lits, mais dont les extrémités se joignent par des lignes inclinées, courbes ou anguleuses, comme on le pratique de nos jours dans les gros libages de fondation. Enfin un troisième système de construction militaire se présente chez les Grecs, les pierres y sont parfaitement régulières et bien dressées sur toutes les faces. C'est ainsi que furent construites les longues murailles d'Athènes et l'enceinte de Messène. Des tours rondes ou carrées s'élèvent à des distances calculées sur la portée du trait.

Quant à la forme des clôtures de villes, elle fut subordonnée à la nature du sol. On suivit le contour des collines, on s'éleva jusqu'à leur crête, s'appuyant sur des roches escarpées, ou se protégeant par un *agger* et des fossés profonds.

L'Étrurie, dont les relations avec la Grèce furent pour ainsi dire continues, put avoir, en raison du voisinage, quelque influence sur les colonies méridionales des Gaules. Les villes de cette partie de l'Italie présentent un fait curieux, relatif à la poliorcétique antérieure à celle des Romains. On y reconnaît que les Étrusques n'ignoraient pas l'art de prendre des angles pour défendre un point important de l'enceinte d'une ville. Tous ces faits sont signalés à MM. les correspondants pour attirer leur attention sur les murs militaires qui pourraient être attribués à la colonisation grecque dans les contrées méridionales de la France.

## TROISIÈME PARTIE. — MONUMENTS CIVILS.

Les constructions civiles des Grecs présentent une grande variété de formes, dont les éléments simples se trouvent dans leurs temples.

L'*agora* ou place publique, le *stoa* ou portique, la basilique, les propylées étaient des édifices composés de galeries à colonnes dont l'espacement était subordonné à l'emploi du bois ou de la pierre, à l'étendue des architraves qui reliaient ces colonnes entre elles. Sans doute la France ne possède aucun de ces monuments grecs au-dessus du sol ; mais les fouilles peuvent mettre au jour quelques soubassements d'édifices composés de pierres rapportées, ou, selon l'usage des Hellènes, taillées dans la roche vive. Il est donc nécessaire d'en signaler les dispositions principales. Établies ordinairement avec de larges pierres, ces substructions portaient l'aire du monument, et de nombreuses marches profilées à l'entour donnaient de toute part un accès facile. Les détails d'architecture ainsi que ceux des temples pourront présenter le style dorique décoré de triglyphes ; des traces de coloration y seront minutieusement recherchées, non-seulement sur les parties planes, mais encore sur les moulures courbes et dans les refouil-

lements ; des terres cuites peintes y étaient souvent ap-
pliquées.

TERRES CUITES COLORIÉES.

Pour ce qui concerne la sculpture d'ornement dont furent
décorées les faces intérieures ou extérieures des édifices grecs,
nous avons donné à l'article qui concerne l'architecture sacrée
les renseignements dont MM. les correspondants pourront
faire usage.

Les côtes méridionales de la France, par la nature des
rochers qui les composent, offrirent aux Grecs les moyens de
creuser facilement des ports, d'établir des môles selon l'usage
consacré dans leur patrie ; ces colons actifs et intelligents
aidèrent par l'industrie aux dispositions que fournissaient les
localités. On examinera sur les côtes tout ce qui pourrait indiquer leur présence.

Les maisons grecques servirent de modèles à celles des Romains ; nous traiterons avec détails, dans un article intitulé
Constructions particulières, cette partie importante de l'art
antique en France.

## TROISIÈME ÉPOQUE. — CONQUÊTE ROMAINE.

### PREMIÈRE PARTIE. — MONUMENTS RELIGIEUX.

L'histoire de l'art présente une troisième et brillante période, déterminée par l'arrivée de César sur le sol des Gaules. Les Romains y apportèrent une civilisation qui changea la face de toutes les productions antérieures.

De toutes parts des camps s'établirent pour étendre et conserver la conquête ; des silos, des magasins militaires furent placés sous leur protection, et les premiers autels des divinités romaines s'élevèrent devant les tentes consulaires. Les alliances avec plus d'une république gauloise commencèrent les mélanges de religion et de mœurs signalés au début de ces instructions, et l'art italique, prêtant son secours aux druides, interpréta leurs idées religieuses et les traduisit sur des monuments durables. Les soldats romains exercés dans l'art de bâtir et dirigés par d'habiles artistes, en imposant aux Gaulois la théogonie, les lois, les usages de l'Italie, les dotèrent de nombreux édifices analogues à ceux de la métropole, et toutes les constructions de la Gaule furent soumises au niveau d'une même équerre, à la liaison d'un même ciment.

C'est particulièrement au début de ces importations étrangères que l'art peut être qualifié de gallo-romain, par la liaison intime qui s'établit alors dans les productions des deux peuples ; c'est donc à cette époque que MM. les correspondants pourront attribuer en général les monuments de sculpture offrant des divinités étrangères à Rome, des costumes, des usages du peuple soumis. On y pourra rencontrer des représentations de druides, des noms gaulois écrits en caractères romains, mais faciles à reconnaître aux racines et aux terminaisons barbares; des emblèmes, des nombres mystérieux, des branches de gui ou de chêne, des instruments sacrés ou d'un usage inconnu. On aura soin de recueillir tous ces renseignements précieux ainsi que tout ce qui pourrait mettre sur les traces de la religion des druides, des divinités locales, enfin de tout ce que le ciseau italique a pu conserver de souvenirs gaulois.

Une importation qui doit dater de cette première époque de la domination romaine, et dans laquelle on trouvera de nombreux éléments d'étude, c'est la fabrication des terres cuites. On examinera les puits d'exploitation, les fours à cuire, les dimensions et les formes données aux briques et aux tuiles, qui, selon Vitruve, furent établies sur des mesures gauloises.

TUILES ROMAINES.

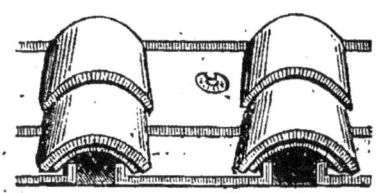

Des marques de fabriques ou de localités pourront s'y rencontrer. On fera les mêmes applications aux poteries et aux

vases de toute nature, ainsi qu'aux antéfixes placées devant les
toits.

ANTÉFIXES.

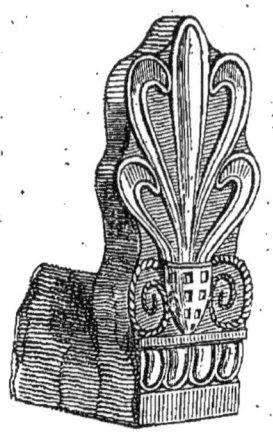

Il sera utile de suivre l'exploitation des pierres, des marbres,
des granits, tant pour les édifices à construire sur le sol, que
pour l'exportation en Italie. Les Gaulois furent employés à ces
travaux et les carrières pourraient fournir des notions relatives aux moyens mis en œuvre pour détacher les masses, ainsi
qu'aux instruments en usage dans ce genre d'exploitation.

Quant à l'architecture de cette époque de transition, elle
doit être complétement dans le style romain, puisque tout
porte à croire que les Gaulois n'avaient point d'art établi sur
des règles; quelques usages indigènes conservés dans les édifices élevés par les nouveaux constructeurs pourraient donc
seuls faire reconnaître les monuments contemporains de la
conquête. On peut attribuer à l'époque de la première occupation militaire des Gaules les magasins souterrains et les
silos dans lesquels les Romains renfermèrent des provisions
de guerre. On doit indiquer les coupes de ces silos, les moyens

d'y puiser, de les clore, et même de les défendre des surprises de l'ennemi.

SILOS.

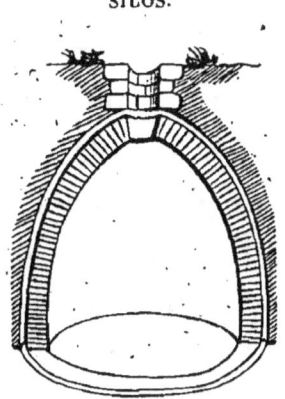

Maîtres enfin de nos riches provinces, les vainqueurs pensèrent à s'y établir d'une manière durable. Les villes qu'ils fondèrent dans les Gaules se distinguent des établissements antérieurs à la conquête par l'heureux choix des localités, et par la réunion de tout ce qui pouvait contribuer à la prospérité d'une colonie.

Un lieu élevé, dominant toute la surface que devait occuper la ville, était consacré à la citadelle et renfermait les temples des grandes divinités. Cette première disposition reconnue, on examinera si les citadelles ou acropoles romaines ont conservé des restes de murailles militaires et de contre-forts destinés à soutenir les terrains et les rochers; on étudiera les chemins ou escaliers favorables à l'arrivée des troupes, au transport des machines de guerre, enfin aux pompes religieuses que les solennités conduisaient aux temples. On cherchera sur ces points culminants les traces qui pourraient indiquer la forme et l'étendue des remparts, ainsi que les dimensions des temples des divinités protectrices de la cité. Lorsque les citadelles furent établies postérieurement, elles

étaient situées en dehors de l'enceinte. Un plan topogra-
phique des localités, dessiné sur une grande échelle, doit servir de base aux opérations qu'on se propose de faire sur une ville
antique. Les découvertes successives, tracées exactement aux
lieux où elles seront faites, établiront de la clarté dans le travail.

L'intérieur d'une ville romaine, divisée en quartiers ou
régions, contenait un *forum* ou place publique, un marché,
des carrefours : c'est sur ces points importants qu'étaient
placés les temples des divinités, souvent remplacés par des
églises. On cherchera les souvenirs de ces édifices dans les
légendes sacrées et dans les traditions. Près des marchés
étaient les autels de Mercure, d'Isis, de Sérapis ; ceux d'Apollon et de Bacchus avoisinaient le théâtre ; Hercule avait ses
temples auprès de l'amphithéâtre et du cirque.

La position d'un temple une fois reconnue par les traditions
ou les monuments littéraires, on devra en chercher les traces
positives dans les substructions de l'église ou des édifices d'une
autre espèce élevés au même lieu. Toutes les attaches ou ruines
qui dans les environs pourraient se lier au monument principal ou à l'enceinte sacrée qui l'entourait, seront relevées
avec soin dans leurs directions relatives, et placées sur un plan
mesuré et orienté. Ce qui regarde les temples s'applique de
même à tout autre édifice antique, de quelque nature qu'il soit.

Lorsque les restes du temple paraîtront au-dessus du sol,
un dessin géométral donnera l'état présent des ruines en les
dégageant des constructions modernes qui pourraient y être
enclavées. Les moulures ou membres d'architecture seront
levés avec précision et dans le galbe exact de l'original, la partie la plus intacte étant choisie pour cette opération ; une
lame de plomb appliquée sur la pierre peut en donner les
courbes exactes, pour les reporter sur le papier. On obtient le

ême résultat et directement en traçant le profil sur un
apier passé dans le joint de deux pierres, si les moulures y
ont bien conservées.

Les membres d'architecture trop grands pour subir cette
pération seront cotés avec soin et relevés à l'équerre et au fil
plomb.

Les détails ornés, tels que chapiteaux, frises, décorations de
oute espèce, seront dessinés de manière à reproduire exactement le caractère de la sculpture. C'est de la sévérité de ces
lessins et de l'exactitude à rendre les formes que dépend l'assi-
nation de l'âge du monument dont on donnera la réduction.

EUILLE D'OLIVIER.    FEUILLE D'ACANTHE.    FEUILLE FRISÉE.

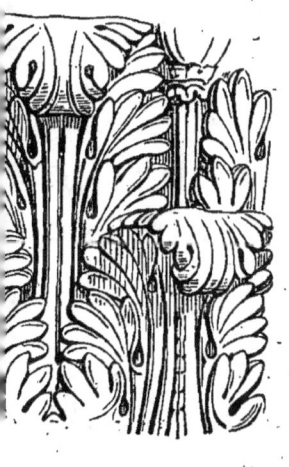
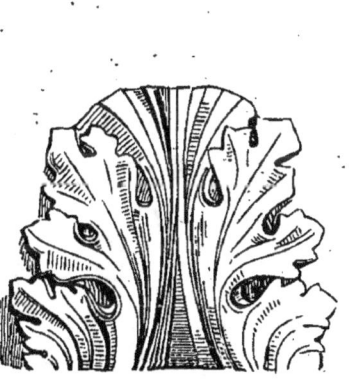
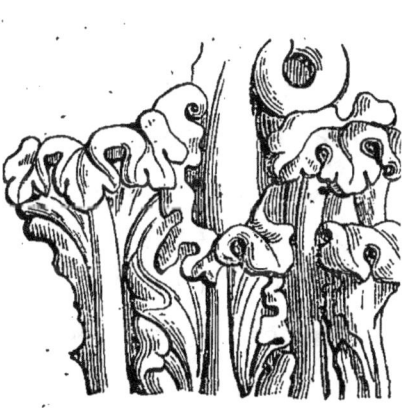

L'architecture gallo-romaine offrira, dans les ornements et
lans les profils de moulures, une richesse d'invention, une
ariété de formes, qui pourra faire distinguer les compo-
itions dans lesquelles se manifestait le génie inventif des
Gaulois. L'exécution de ces détails d'architecture est assez
grossière dans les régions septentrionales; on y reconnaît
usage du trépan pour obtenir les effets d'ombre et de lumière.

Ces fragments précieux ne peuvent être étudiés avec fruit s'ils ne sont mesurés avec tous leurs détails, dessinés géométralement et dans leur état brut. Les profils et un plan indiquant la décoration des plafonds, des sculptures placées sous les modillons et larmiers, sont encore des travaux indispensables pour expliquer complétement l'ensemble de ces monuments. On peut recommander l'emploi de la *chambre claire* pour en dessiner les ornements avec vérité, et, s'ils sont peu saillants, un estampage en papier offre une reproduction encore plus fidèle.

Cette opération consiste à appliquer sur la sculpture de peu de relief, un papier sans colle et légèrement mouillé, comme on l'emploie dans l'imprimerie, et à y faire paraître les formes les plus délicates et même le grain de la pierre, en appuyant d'abord avec un linge puis avec une brosse.

Les procès-verbaux de recherches mentionneront les divers marbres, schistes et autres matériaux employés dans les édifices; leurs qualités, le pays où ils furent exploités; s'ils sont exotiques ou produits par le sol.

Le plan général de la ville antique recevra l'indication des fouilles successives dont on a conservé le souvenir; les fragments placés dans les musées ou dans quelque autre dépôt municipal seront autant que possible rattachés à la fouille dont chacun d'eux est sorti. Une classification par numéros peut suffire à cette opération.

Indépendamment du plan des édifices dont les murs sont encore debout, on dessinera géométralement les mosaïques et pavés indiquant l'étendue des monuments qui ne s'élèvent plus au-dessus du sol.

Dans les fouilles de ces édifices, le plus petit fragment d'architecture, une feuille de chapiteau, une moulure ornée, un détail, quelque peu important qu'il paraisse, doit devenir une source d'observations utiles ; on ne peut oublier qu'en sauvant ces fragments on contribue à former une suite de faits, qui tôt ou tard trouvent leur place dans la vaste collection des connaissances archéologiques.

Ce qu'on a dit précédemment des autels des Grecs peut s'appliquer à ceux des Romains : diversité dans les formes, décoration d'architecture et de sculpture, emblèmes de sacrifices et de victimes, jusque-là complète analogie ; mais une exécution peu soignée, des profils de moulures plus composés et d'un galbe moins pur, la sculpture d'un dessin moins noble caractérisent les autels élevés sous la domination romaine et les font différer de ceux des Grecs.

Les inscriptions suffiront pour faire distinguer les autels votifs ; lorsqu'ils seront privés d'ornementation et qu'ils n'offriront rien de plus que des cubes de pierre ou de marbre, comme on en voit souvent de consacrés aux nymphes ou à quelques divinités locales du second ordre.

Certaines cérémonies romaines ont donné naissance à des monuments sacrés inconnus aux Grecs ; dans les tauroboles on éleva des autels d'une forme particulière : une table percée d'un grand nombre d'ouvertures recevait la victime ; sous cet autel s'administrait le baptême de sang. La France possède un de ces monuments de superstition ; les nouvelles découvertes dans ce genre seront étudiées et dessinées par MM. les correspondants.

Enfin nous signalerons une dernière classe de monuments religieux, les bornes Termes ou Hermès, qui servaient de limites entre les provinces ou les propriétés particulières, et qui, répandues dans les campagnes, recevaient à certaines époques de l'année les vœux des cultivateurs.

## DEUXIÈME PARTIE. — MONUMENTS MILITAIRES.

### § I. ENCEINTES.

L'enceinte primitive de Rome avait enveloppé le Palatin dans une forme carrée : un grand nombre de cités romaines présentent cette disposition, particulièrement sur les pays de plaines. Les murailles, protégées à leur base par un fossé et un *agger*, étaient construites de plusieurs manières. On désignera la façon de ces murailles; des dessins géométraux indiqueront si elles sont fabriquées en grandes assises réglées, en moellons smillés, ou par encaissement.

Les grandes assises peuvent être établies en liaison comme on pose les briques, c'est l'*insertum* des Romains. *L'opus incertum* est formé de pierres irrégulières.

OPUS INCERTUM.

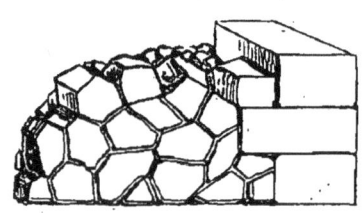

Dans la structure des Grecs et les constructions de la république romaine, une pierre en boutisse, dont l'extrémité seule était apparente, se plaçait entre deux pierres offrant toute leur longueur.

STRUCTURE GRECQUE ET DE LA ·RÉPUBLIQUE.

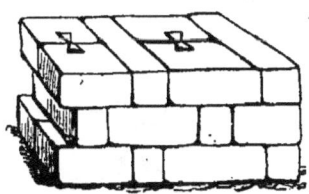

On nomme *revinctum* ou construction cramponnée celle dont les pierres formant les deux parois du ·mur sont liées avec des crampons. Le nom de *maceria* se donne à la construction composée de blocs de pierre placés à sec sans liaison de mortier. La base des murailles est souvent établie de la sorte.

Les moellons smillés (*similes*) peuvent être taillés en losanges et figurer une maille ou réseau : cette structure est appelée *opus reticulatum*.

OPUS RETICULATUM.

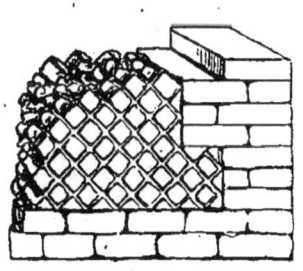

Le nom d'*isodomum* était donné aux constructions de moelons placés à plat, mais égaux en hauteur; le *pseudisodomum* était composé d'assises de moellons inégaux.

L'*emplecton* forme un encaissement de moellons reliés par des assises de briques. En France la décoration de terres cuites mêlées aux constructions est très-variée. Des losanges et autres figures géométriques se reproduisent à plusieurs hauteurs dans

5.

les murailles: c'est vers le bas-empire qu'elles se multiplient et prennent toutes les formes.

EMPLECTON ET MACERIA.

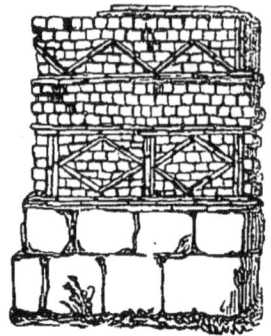

Dans les contrées maritimes et auprès des fleuves qui roulent des galets, les Romains ont fait usage de ces cailloux, et, les inclinant les uns sur les autres en forme d'épi ou d'arête de poisson, en ont formé un ouvrage qu'on nomme *opus spicatum*.

### § II. PORTES.

Les portes situées au milieu des grandes faces des murailles de ville étaient en général protégées par des tours crénelées ; le chemin de ronde arrivait aux portes de la ville dans une petite enceinte formant double défense sur ce point. La porte de ville offrait ordinairement deux voies consacrées, l'une à l'entrée, l'autre à la sortie des chars : les murs de Nîmes et d'Autun ont en outre des ouvertures pour les piétons. Ces dispositions curieuses, ainsi que les moyens de clôture, le mouvement des herses, le biais des murs pour le jet du trait seront indiqués aux plans, coupes et façades des portes. Tous les vestiges de scellement de ferrure, de trous voisins des entrées, qui pourraient expliquer l'arrangement des barricades, ou palissades établies en cas de siége, seront mesurés avec soin et placés dans les dessins géométraux.

PORTE DE VILLE.

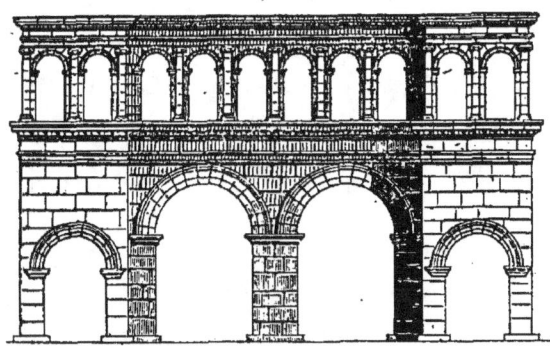

Le chemin de garde passant sur la muraille était orné au-dessus des portes par des arcades à jour, où toute autre décoration. On examinera dans ces arcades si des appuis permettaient de combattre comme dans les parties de la muraille où étaient établis des créneaux.

### § III. VOIES ANTIQUES.

Les caractères principaux des voies romaines connues en France sont :

Leur peu de largeur : elles dépassent rarement six ou sept mètres;

Leur forme bombée;

Leur direction presque toujours en ligne droite;

Leur situation sur les plateaux ou à mi-côte des hauteurs;

La profondeur de l'empierrement divisé en plusieurs couches distinctes de matériaux : on en compte quelquefois jusqu'à quatre, chacune de plusieurs pieds d'épaisseur.

On peut ajouter, mais seulement comme un indice accessoire, auquel il ne faut pas attacher trop d'importance, l'emploi de terre glaise, ou de masses de terre cuite, ou enfin de briques ou de tuiles dans les couches inférieures.

La couche supérieure, *summa crusta*, se compose de cailloux ou de pierres de toutes dimensions, quelquefois taillés et présentant alors l'apparence du petit appareil des constructions romaines. Quelques voies antiques, surtout dans le Midi, sont au contraire pavées de pierres énormes taillées irrégulièrement, mais assemblées avec beaucoup de précision.

VOIE ROMAINE.

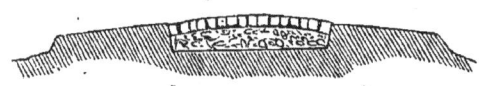

Ailleurs, lorsque les localités l'exigeaient, on a taillé les rochers au pic, de manière à former souvent des excavations très-considérables.

Dans les pays plats beaucoup de voies antiques se distinguent par leur exhaussement au-dessus des plaines environnantes. Plusieurs offrent l'aspect d'une muraille épaisse élevée de plusieurs pieds au-dessus du sol.

VOIE ROMAINE.

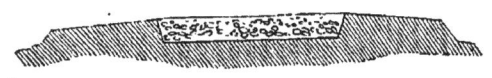

Les caractères que nous venons d'énumérer ne sont point tellement constants et absolus, que lorsqu'ils se présentent on en doive toujours conclure l'existence d'une voie antique; et par contre les exceptions ou des caractères très-différents ne prouvent point toujours une origine moderne. Dans tous les cas on devra tenir compte des circonstances locales, qui peuvent avoir beaucoup d'importance pour décider la question. Par exemple, le voisinage d'une voie antique bien constatée; celui

d'un camp ou d'un grand établissement romain. On pourra
s'aider encore, mais *avec réserve,* des témoignages historiques
que nous ont conservés les géographes anciens.

En examinant une voie antique on devra noter:

Sa direction;

Son étendue, ses lacunes, ses embranchements;

La nature des matériaux et leur épaisseur.

On fera connaître si elle est encore en usage ou si elle l'a été
anciennement, enfin si l'on y a fait des réparations plus ou
moins modernes.

On recherchera si des bornes ont existé ou existent encore
le long de ces chemins ou aux environs; si l'on en a déplacé
quelques-unes.

Il est important de copier les inscriptions de ces bornes, ou
mieux de les estamper.

On examinera si les distances indiquées par ces inscriptions
sont exprimées en milles romains ou en lieues gauloises. (Les
premiers de 1,000 pas ou $\frac{1}{3}$ de lieue, les secondes de 1,500 pas
ou $\frac{1}{2}$ lieue.)

Quelquefois on trouve sur le bord des voies romaines des
pyramides ou des tours pleines (sans escaliers ni chambre intérieure), dont la destination est fort problématique. On décrira minutieusement ces constructions, et s'il est possible on
en donnera des plans et des dessins. On recherchera également
si, dans le voisinage de ces routes, il n'existe pas des tombeaux,
des substructions de maisons, soit en groupes, soit isolées.

Autant que possible on devra tenir note des noms modernes
des hameaux, et même des fermes que traverse une voie antique: ces noms pourront quelquefois mettre sur la trace de
nouvelles découvertes.

Les voies traversent les torrents et les fleuves sur des ponts antiques qu'on étudiera dans tous leurs détails de construction et d'architecture.

## § IV. CAMPS ET ENCEINTES ANTIQUES.

Il existe en France un grand nombre d'enceintes formées par un fossé et un amas de terre, ou bien par une muraille de pierres sèches. Leur origine, leur date, souvent même leur destination, sont très-difficiles à déterminer. Non-seulement les camps des peuplades barbares, gauloises ou étrangères, qui ont fait la guerre sur notre territoire depuis une époque fort antérieure à la conquête de César, jusqu'au viii<sup>e</sup> ou ix<sup>e</sup> siècle, peuvent se confondre avec des camps romains, mais encore des enceintes ayant une destination religieuse ou civile peuvent quelquefois être prises pour des ouvrages militaires. C'est ainsi que plusieurs monuments celtiques sont environnés d'un large fossé et d'un parapet en terre. D'autres fois des enceintes semblables entourent des *tumulus*. Dans une foule de cas ce n'est que par l'observation de bien des circonstances accessoires que l'on arrive à connaître l'origine de ces monuments. On ne peut donc trop recommander de décrire minutieusement tous les objets antiques trouvés sur les lieux : médailles, armes, poteries, meules à grain, ustensiles de tout genre, même les ossements d'animaux si l'on en découvrait en grand nombre. Leur espèce et leur gisement pourraient fournir des renseignements utiles.

Les enceintes, dont la destination militaire paraît le mieux constatée, et dont on peut rapporter l'érection à une époque antérieure à la conquête, se trouvent en général sur des plateaux élevés ou escarpés, dont elles suivent les contours les plus irréguliers. D'ordinaire elles se composent d'un mur en pierres sèches, qui sert en quelque sorte de parement à un *agger* de terre plus ou moins épais. Les pierres sont brutes le plus souvent, quelquefois grossièrement équarries,

MUR D'ENCEINTE.

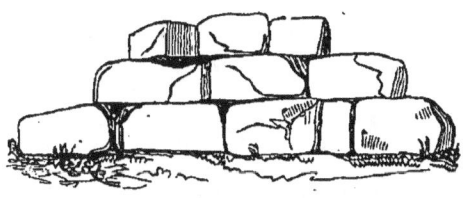

plus rarement elles sont liées les unes aux autres par des tenons de bois à queue d'aronde.

PIERRES LIÉES.

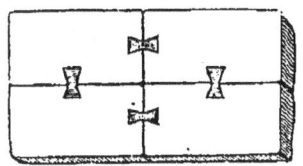

Les formes des enceintes en terre que l'on peut regarder comme des camps sont trop nombreuses et trop variables pour qu'on essaie de les décrire ici. Un grand nombre présentent ce rapport, qu'elles ont une petite enceinte intérieure presque toujours contiguë à l'enceinte principale.

CAMP.

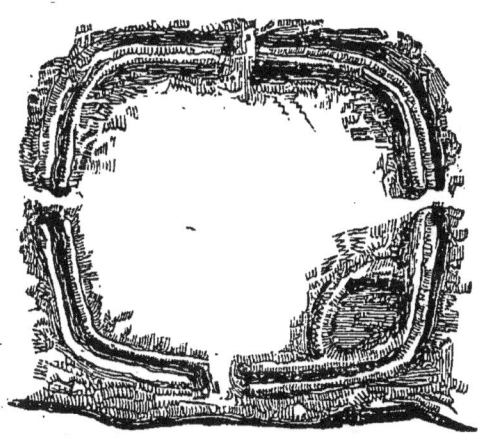

Quant à leur origine, il est difficile de la constater autrement que par la découverte des objets antiques qu'elles peuvent renfermer. On conçoit en effet qu'avant l'invention des armes à feu tous les retranchements temporaires ont eu entre eux la plus grande ressemblance, quel que fût le peuple qui les eût construits.

Cependant, lorsque quelques-uns de ces camps offrent un tracé conforme aux règles de la castramétation chez les Romains, on peut présumer qu'ils ont été élevés par ce peuple, et à une époque où ses légions avaient encore conservé leur antique discipline.

Nous rappellerons donc sommairement l'ordonnance des camps romains, telle que nous l'ont transmise les auteurs militaires.

Anciennement, c'est-à-dire sous la république et dans les premières années de l'empire, les camps étaient carrés, entourés d'un rempart en terre avec un fossé en avant, d'une largeur et d'une profondeur correspondant à l'épaisseur et à la hauteur du rempart, ce dernier n'étant composé que des terres retirées du fossé. Dans la suite on leur donna la forme d'un parallélogramme rectangle, quelquefois avec des angles arrondis, les grands côtés étant aux petits dans le rapport de trois à un.

D'ordinaire les camps avaient quatre portes, une sur chaque face ; quelquefois un ouvrage avancé, un rempart avec un fossé s'élevaient en avant des portes. Le rempart du côté opposé à l'ennemi avait souvent une hauteur sensiblement plus considérable que celle des autres faces du camp.

COUPE DE REMPART.

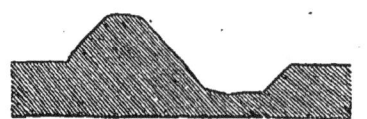

Les lieux que les généraux romains préféraient pour établir leurs camps étaient principalement les larges plateaux à proximité des cours d'eau, ou bien les plaines. Pour eux une hauteur escarpée était une mauvaise position, et leur pratique constante était de faire niveler le terrain occupé par leurs troupes.

On ne peut qu'inviter les correspondants à joindre à leurs mémoires sur les camps antiques un plan détaillé non-seulement des retranchements, mais de leurs environs, avec des coupes du fossé, du rempart, et, s'il se peut, de tout le terrain qu'embrasse l'enceinte fortifiée. Il est essentiel de marquer à quelle distance du camp se trouve un ruisseau ou un étang. Enfin l'on recherchera si dans le voisinage il existe d'autres retranchements, et si des découvertes d'objets antiques ont été faites aux environs.

## § V. FORTIFICATIONS PERMANENTES.

Nous avons donné, page 16, quelques renseignements sur les fortifications permanentes des Gaulois.

Il y a lieu de croire qu'après la conquête les Romains, voyant leur domination affermie, ne fortifièrent point les villes qu'ils bâtirent ou qu'ils occupèrent. Campées sur les frontières orientales, leurs légions arrêtaient les incursions des barbares, et un très-petit nombre de troupes suffisait à maintenir l'ordre dans les provinces ajoutées à l'empire. Les troupes étaient ou réparties dans des stations militaires, *stativa castra,* ou bien elles occupaient certaines forteresses ou citadelles à proximité des grandes villes.

Dans la décadence de l'empire, les invasions des barbares firent sentir le besoin de fortifier les villes, pour les mettre à l'abri du pillage. Les travaux entrepris à cette époque portent l'indice d'une grande précipitation, et d'ordinaire on remarque que les murailles sont bâties avec les débris de grands édifices, comme si on les avait sacrifiés pour en tirer des matériaux à l'approche du danger. Les progrès de la religion chrétienne expliquent encore comment un grand nombre de temples furent démolis alors, et leurs matériaux employés à ces fortifications.

Presque toutes les murailles construites à cette époque se font reconnaître facilement par les blocs énormes qui en forment les assises inférieures, et dont un grand nombre présentent des moulures, des bas-reliefs ou des inscriptions. En général le haut des murs est à petit appareil interrompu par des lits de briques ou de tuiles. Quelquefois certaines parties du parement extérieur présentent une espèce de mosaïque grossière, par la combinaison de pierres noires et blanches et de briques rouges. Il faut noter l'épaisseur du ciment qui sépare les pierres, en général beaucoup plus considérable que dans les premiers siècles de l'architecture romaine.

Les tours sont rondes plus souvent que carrées, ayant le même diamètre à leur base qu'à leur sommet, et fort rapprochées les unes des autres. En œuvre, leur diamètre est rarement de plus de quinze à dix-huit pieds.

Les observations qu'on devra faire sur ces fortifications sont les mêmes que celles qui s'appliquent à tous les édifices du même temps.

On trouve quelquefois, sur des bas-reliefs ou des mosaïques, des renseignements curieux sur l'art de la guerre chez les anciens, des représentations de machines de guerre, de tours, de remparts, de tentes, etc. En décrivant ces monuments on doit toujours y joindre des dessins ou des calques, s'il y a lieu.

TROISIÈME PARTIE. — MONUMENTS CIVILS.

Les édifices publics des Romains prirent un grand développement sur le sol des Gaules. Ces constructions sont aussi importantes que toutes celles qui jusqu'ici ont été signalées à MM. les correspondants; leur étude peut offrir un grand nombre de faits nouveaux.

## § I. PORTS.

Si la ville romaine qu'on étudiera est maritime, on tracera sur le plan général l'étendue et l'emplacement des ports marchand et militaire, l'arsenal, les magasins, le phare, les jetées, et tous les détails de marine que pourraient produire les fouilles, si le port est à sec.

Au profil des quais on joindra un détail de la construction destinée au soutenement des terres, des notes sur les mortiers hydrauliques, l'exploitation de la chaux, etc.

## § II. AQUEDUCS.

On suivra le cours des aqueducs non-seulement dans les vallées et dans les plaines qu'ils traversent sur des constructions apparentes, mais encore dans les montagnes percées, sous le pavé des villes, et partout où passèrent les canaux. Dans l'étude générale de ces aqueducs, depuis la source jusqu'aux citernes ou réservoirs qui reçurent les eaux, on fera un travail de nivellement pour connaître les siphons et autres moyens en usage chez les Romains; on pourra compléter ainsi nos connaissances sur la science hydraulique des anciens.

Le cours des tuyaux de plomb ou de terre cuite distribuant les eaux dans la ville sera relevé lorsque des fouilles les mettront à découvert. Les lieux où purent être situés les châteaux d'eau, fontaines ou lavoirs, seront donnés par le nivellement des terrains et le cours de ces tuyaux.

TUYAUX EN TERRE.

TUYAU EN PLOMB.

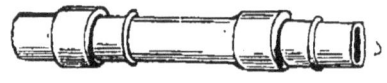 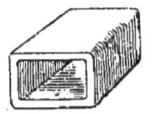 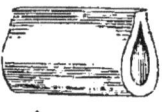

Les mastics et revêtements intérieurs des conduits et des piscines seront l'objet d'une étude spéciale, ainsi que les dépôts tartreux des eaux, et tout ce qui peut indiquer la durée de leur passage ou de leur séjour.

Les Orientaux ont conservé l'usage de retenir dans les vallées les eaux pluviales ou celles qui coulent lentement des montagnes, par des digues solides, derrière lesquelles ils établissent des fontaines commodes et des lavoirs publics. Ces constructions étaient connues des anciens; la France en possède des traces auprès d'Aix; il est important de les signaler et de les étudier, non-seulement comme des monuments de la domination romaine, mais encore dans le but d'en faire connaître l'usage, et de le renouveler dans des contrées dépourvues d'eau courante.

§ III. THERMES.

L'examen des aqueducs se lie à celui des bains publics et particuliers, désignés chez les Romains par les noms de *thermæ* et *balnea*. Les thermes, si multipliés dans l'antiquité, et dont les Gaules ont conservé de nombreuses ruines, s'élevèrent auprès des sources thermales, dans l'enceinte des grandes villes et quelquefois *extra muros*. Lorsque la ligne des canaux d'aqueduc aura dirigé les études vers les ruines que la tradition ou les dispositions elles-mêmes pourront faire considérer comme appartenant à un édifice consacré aux bains, un plan général sera levé; on y indiquera les arrivées des eaux avant leur emploi, et les aqueducs de dégagement lorsque, par l'usage des bains, elles étaient mises hors de service.

Un réservoir étant nécessaire pour réunir ces eaux avant leur arrivée aux piscines ou grands bassins, de même qu'aux bains particuliers, on en cherchera les traces en amont du cours d'eau. Toutes les directions que devaient suivre les tuyaux de distribution, soit vers l'hypocauste ou fourneau destiné à chauffer les bains, soit aux baignoires avant et après l'usage, seront étudiées de manière à bien expliquer les fonctions de chaque conduit.

Si des souterrains destinés à servir de magasins aux combustibles, de salles de service, d'hypocauste pour chauffer les bains, etc., se rencontrent dans les ruines de l'édifice, ils seront l'objet de plans particuliers; les divers niveaux des salles, leurs usages respectifs, tels que bains froids, bains tièdes, étuves, etc., seront expliqués au plan; leur forme, et la place qu'elles occupent dans l'établissement guideront pour ces désignations.

Si quelques traces de mosaïques ou de décorations intérieures, telles que peintures, stucs, marbres incrustés, se rencontrent dans les ruines, elles seront recueillies et dessinées avec précision, en couleurs et dans le caractère de l'antiquité.

L'orientation du plan est nécessaire comme vérification de plusieurs préceptes de Vitruve relatifs aux bains. Des coupes sur chaque salle indiqueront sa forme et sa construction.

## § IV. PRÉTOIRES.

Les capitales de province doivent seules renfermer les restes de palais impériaux ou de prétoires ; ces grands édifices, qui ne reçurent les souverains que pendant leurs voyages dans les Gaules, furent plus spécialement réservés aux chefs qui commandaient l'occupation.

Cette considération doit les faire envisager sous le point de vue militaire autant que sous l'aspect civil : l'emplacement qu'ils occupèrent fut donc ordinairement choisi de manière à dominer le pays, à tenir les routes stratégiques sous la dépendance du préfet, à relier avec les camps d'occupation toute la ligne militaire.

Lorsque ces conditions de localités seront reconnues dans les ruines d'un grand édifice que les traditions pourront indiquer comme un prétoire, le relevé du plan y fera distinguer les grandes salles d'audience, un tribunal et de vastes habitations. Près de cet édifice les nivellements de terrain pourront indiquer la surface d'une place publique ou *forum*, convenable à la réunion d'une partie de l'armée et de la population. On devra, par un examen scrupuleux de l'enceinte, s'assurer des relations qui pouvaient être établies entre le palais prétorien et les murailles de la ville ; la même étude s'appliquera aux portes placées sur la voie militaire.

Les plans, coupes et façades indiqueront exactement l'état actuel de l'édifice ; les détails de construction qui pourraient offrir de l'intérêt seront signalés aux dessins et dans les descriptions.

§ V. ARCS DE TRIOMPHE.

Les trophées militaires, arcs de triomphe, colonnes historiques, multipliés en France par l'art italique, sont des monuments isolés dans lesquels la richesse de l'architecture fut
plus ou moins prodiguée selon l'importance des faits mémo-
rables dont ils conservèrent le souvenir.

Les arcs de triomphe placés, selon l'effet qu'ils devaient
produire, avant l'entrée des villes, à l'alignement des remparts, dans l'intérieur de l'enceinte ou à la tête des ponts,
présentent des aspects variés.

Les plus simples, ouverts d'une seule arcade, offrent une
masse décorée de colonnes saillantes, au milieu desquelles
la sculpture monumentale a figuré les statues des peuples
vaincus. Les ornements de l'archivolte, des arcs dou-
bleaux et de la voûte sont imités des productions du sol,
heureuse idée que l'art du moyen âge devait développer plus
tard.

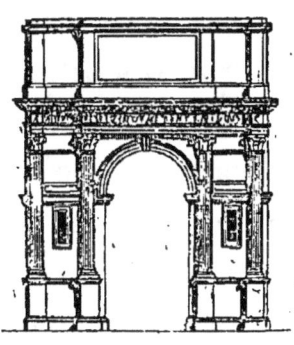

D'autres arcs sans colonnes engagées, sont décorés de pilastres, de bas-reliefs figurant les faits remarquables de la

guerre. Les plus riches monuments de ce genre sont percés
de trois grandes arcades égales en hauteur,

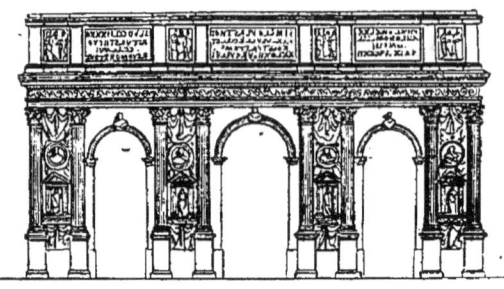

comme on en voit un exemple à Reims, ou d'arcs de dimensions différentes, tel est celui d'Orange.

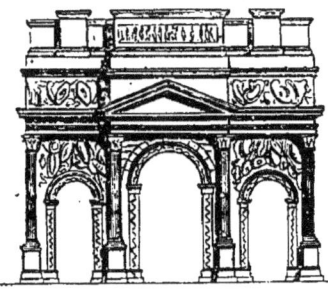

Les dessins géométraux de ces édifices, tous construits en
pierres de grandes dimensions, feront connaître la disposition
de l'appareil, les moyens de construction employés pour obtenir
des voûtes durables bien que refouillées de caissons sculptés.
On aura soin d'exprimer toutes les assises de pierres par leurs
joints horizontaux et verticaux ; on ne négligera point les trous
régulièrement placés qui pourraient indiquer des inscriptions
ou des ornements en métal.

Tous les attributs sculptés seront dessinés dans leur caractère : ils sont de nature à expliquer des usages inconnus ; on y
voit des enseignes militaires, des vêtements curieux, des
armes, des machines, etc., etc. Les têtes d'esclaves ou de vaincus placées dans les impostes et les frises seront aussi l'objet

d'une étude spéciale ; leurs caractères anthropologiques peuvent donner les moyens d'assigner l'âge du monument.

Les fruits, les feuillages et les fleurs employés dans l'ornementation seront dessinés avec assez d'exactitude pour qu'on puisse y trouver des notions positives sur les productions anciennes du pays.

### § VI. COLONNES HISTORIQUES.

Les colonnes historiques, indépendantes des fêtes triomphales et ayant pour but de perpétuer le souvenir d'un fait isolé, se trouvent dans les campagnes aussi souvent que dans les villes ; elles s'élèvent au lieu même où s'était livrée une bataille, où avait eu lieu un événement digne de mémoire.

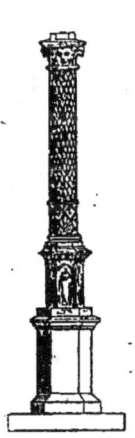

Les bas-reliefs placés sur les piédestaux, les ornements d'architecture qui couronnent les embasements, ou qui décorent la colonne elle-même, pouvant être en rapport avec le motif qui fit consacrer le monument, seront dessinés avec assez d'exactitude pour qu'aucun détail n'échappe à l'investigation.

Si la colonne est tronquée dans sa hauteur, ce qui n'arrive que trop souvent à ces constructions offrant peu de résistance, on cherchera dans tous les environs les fragments qui pourraient s'y rattacher et la compléter. Le style de la sculpture est le meilleur moyen de rapprochement dont on puisse faire usage en pareil cas. Les mesures peuvent aider encore à relier à la masse principale les détails dispersés.

Les piles isolées et élevées sur une base étroite, les tours massives et dans lesquelles on ne peut reconnaître un but d'utilité pourront être classées dans ce genre de monuments.

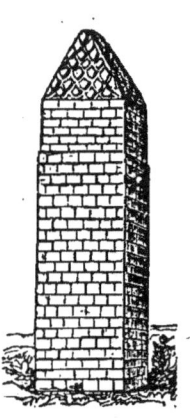

### § VII. JEUX PUBLICS.

Les jeux publics établis dans les villes romaines nécessitèrent la construction d'édifices capables de réunir la foule des spectateurs; à l'emploi du bois on substitua bientôt celui des matières plus durables, et, dans les colonies fondées par les empereurs avec tout le luxe des grandes cités, on éleva des monuments spéciaux aux jeux scéniques, aux combats d'animaux, aux courses de tout genre; les grandes villes de la Gaule offriront donc collectivement aux études de MM. les correspondants le théâtre, l'amphithéâtre et le cirque. Lorsqu'une ville sera considérée comme une colonie du second ordre, elle pourra se voir privée d'un de ces immenses édifices; le cirque, fort rare dans les Gaules, fut supprimé le plus souvent et les courses s'établirent sans frais dans la plaine.

L'amphithéâtre, qui offrait dans son enceinte plus d'un genre de combats, manque rarement aux colonies de quelque importance, et ses jeux, conservés jusqu'aux premiers siècles de la monarchie, nécessitèrent alors quelques constructions dont on retrouve les traces. Le théâtre enfin réunit tous les divertissements donnés aux populations lorsqu'il fut le seul édifice consacré aux fêtes; MM. les correspondants rechercheront les souvenirs historiques de ces jeux publics et devront, selon l'étendue des villes, rendre compte de leur importance ; les camps ou grandes stations militaires pourront aussi conserver les traces de théâtres.

Chacun de ces monuments présente des formes distinctes, des dispositions spéciales, qui doivent être étudiées dans tous leurs détails.

## § VIII. THÉÂTRE.

Le théâtre des Romains était le plus répandu dans les Gaules; il différait de celui des Grecs par la scène, beaucoup plus étroite, et par l'absence du thymelée ou orchestre avancé destiné aux récitatifs et aux chœurs. Il se composait de deux parties bien distinctes. La première, tracée sur un plan demi-circulaire, contenait les bancs des spectateurs. L'économie, la facilité d'exécution avaient fait établir dès l'origine cette portion de cercle dans le flanc d'une colline, dont la pente favorisait la pose des gradins.

THÉÂTRE

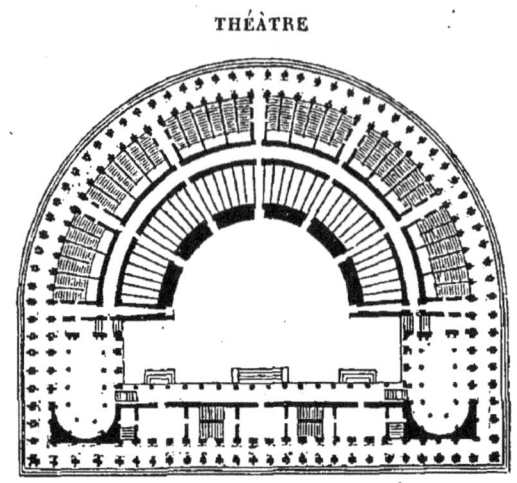

Une galerie à colonnes régnait au sommet, et formait la tribune des femmes, et plus souvent celle des esclaves; cette galerie était quelquefois en bois. Dans cette division importante du théâtre, on étudiera les dégagements favorables à l'arrivée et à la sortie de la foule, les vomitoires ou débouchés pratiqués dans les corridors pour faciliter le classement des spectateurs sur les bancs et dans les précinctions, grandes divisions des places par castes et professions; enfin, sous les gradins, on suivra les traces des voûtes ou cases qui recevaient des vases en bronze destinés à porter la voix des acteurs jusqu'aux places les plus éloignées.

Lorsque des fouilles s'opéreront sur le sol inférieur de cette portion demi-circulaire des théâtres, MM. les correspondants y chercheront les traces de pavés mosaïques, indication de l'importance que prenait cette place réservée aux premiers magistrats. Des autels et même de petits édicules consacrés aux dieux qui présidaient à la scène pourront s'y rencontrer aussi bien que dans quelque autre lieu de la salle. Sur le sol inférieur, appelé de nos jours le parterre, s'amoncelèrent les débris de sculpture et de décoration, qui, tombant de toutes parts, s'y réunirent par la nature même et la forme de l'édifice. C'est là que les fouilles mettront au jour les fragments les plus précieux.

La seconde partie du théâtre contenait la façade, le *proscenium* ou avant-scène, les salles des mimes et toutes les dépendances nécessaires aux spectacles; elle était sur un plan rectangulaire et formait le diamètre ou la corde de l'arc destiné à la foule.

Le *proscenium*, décoré de marbres, de bas-reliefs, de colonnes, ornait le fond de la scène réservée aux représentations; l'*hyposcenium*, mur peu élevé, qui du sol inférieur gagnait le niveau de la scène, était aussi enrichi de sculpture. Des portes situées au fond sur le *proscenium* et dans les faces latérales communiquaient aux salles des acteurs, et donnaient entrée aux chœurs, aux processions et à toute la pompe des spectacles. Ces détails de décoration et d'usages seront consignés dans des coupes levées géométralement sur toutes les parties importantes; elles compléteront les dessins généraux de l'édifice.

On recueillera tous les détails de scellements qui pourraient indiquer les attaches de bas-reliefs et de marbres incrustés; les trous placés de manière à expliquer les moyens de couverture en charpente sur l'avant-scène seront mesurés et placés scrupuleusement sur les dessins.

Les escaliers situés près des façades seront figurés aux plans, avec le nombre et la disposition des marches nécessaires pour arriver au sol des divers planchers. Sur les élévations on détaillera les moulures de décoration, les appareils des cintres, les proportions des étages et de leurs ouvertures. Au sommet des édifices on recueillera tout ce qui pourrait expliquer les moyens employés pour tendre le *velarium* sur la totalité du monument: des consoles saillantes en marbre ou en pierre recevaient un système de charpente à cet effet. On cherchera près des théâtres les traces des portiques couverts, destinés à recevoir la foule, dans le cas où la pluie survenait au milieu des jeux. Ces portiques, composés de plusieurs rangées de colonnes, offrirent des dispositions carrées, ou de formes irrégulières, selon que les localités permirent de les étendre. Des temples furent quelquefois élevés dans leur enceinte; des plantations en faisaient une promenade publique semblable à nos esplanades.

### § IX. AMPHITHÉÂTRE.

Double théâtre par sa forme et sa superficie, l'amphithéâtre, commun en France, présentait une construction immense sur un plan elliptique. Placés près de l'enceinte des villes, pour faciliter l'introduction des animaux qui devaient combattre, ainsi que pour le transport des victimes au delà des murailles, ces monuments offraient à l'extérieur plusieurs étages d'arcades continues, sur une longue courbe décorée de piliers ou de colonnes.

AMPHITHÉÂTRE.

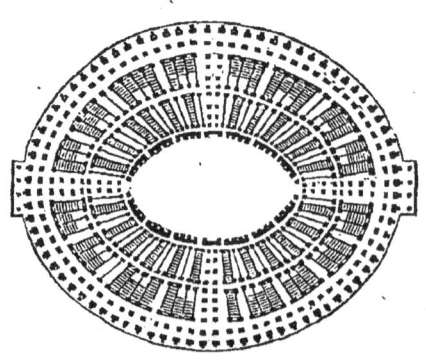

L'architecture des amphithéâtres, exécutée dans des caractères pesants, vigoureux et convenables au sujet, doit être étudiée spécialement par MM. les correspondants et mesurée avec assez de soin pour conserver à tous les détails leur physionomie particulière.

Dans l'attique, au sommet de la façade, une suite non interrompue de consoles en pierres percées verticalement d'un large trou recevaient, comme autour des théâtres, des pièces de bois dressées, et de l'extrémité desquelles partait un système de câbles tendus vers le centre de l'édifice, pour supporter un *velarium* destiné à mettre la foule des spectateurs à l'abri.

CONSOLES.

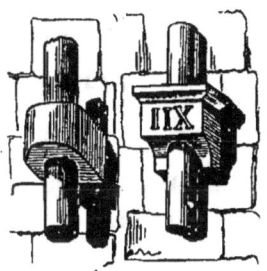

Les moyens employés pour placer les poutres du *velarium*, pour soutenir le tirage des toiles par la combinaison des bois; le numérotage des consoles pour l'ordre établi dans le service; les scellements de fer qui, sur les bancs ou dans quelque autre point de l'édifice, indiqueraient des auxiliaires au système des câbles, compléteront les études relatives à cet abri léger. Les écoulements des eaux pluviales, les détails de construction, les attributs sculptés, les décorations plaquées, etc., etc., sont des sujets d'observation qui doivent être recueillis, décrits et dessinés.

Immédiatement derrière la façade se trouvait à chaque étage

une grande galerie de circulation qui faisait le tour de l'édifice. Destinée à recevoir la foule non-seulement à l'époque des jeux, mais à tout moment de la journée, cette galerie contenait des boutiques, et faisait de l'édifice un bazar, qui réunissait les habitants et les étrangers. De plein pied avec ces galeries où par des escaliers multipliés, on se rendait aux loges des spectateurs, par les vomitoires disposés pour donner entrée aux diverses précinctions de gradins. La foule réunie dans ces édifices immenses trouvait place sans désordre par la belle disposition des issues; toutes les combinaisons de dégagements fournies par le plan, la facilité de classement dans les précinctions, la division des loges, les inscriptions de corporations gravées sur les bancs, la place assignée à chacun, depuis la tribune de l'empereur et des premiers magistrats de la colonie jusqu'à la place étroite du dernier des spectateurs, présenteront des détails curieux à examiner.

Les inscriptions indiquant les restaurations faites dans l'édifice, et à défaut d'inscription les différences notables que présenteront les matériaux dans leur nature même, ou dans la manière dont ils furent employés, serviront de guide pour étudier les révolutions qui s'opérèrent à diverses époques; on y reconnaîtra la continuation des usages qui maintinrent les jeux de l'amphithéâtre jusqu'aux premiers temps de la monarchie.

Arrivé enfin au sol de l'arène, on étudiera sa forme par un relevé des courbes; dans le *podium* ou clôture formée de pierres dressées, qui séparait les spectateurs du péril des jeux, on trouvera lès quatre portes donnant entrée aux animaux et aux combattants. On examinera scrupuleusement les moyens employés pour clore ces portes, ainsi que toute autre partie de l'édifice; les scellements fixés au *podium* et indiquant des barrières de métal, qui protégeaient plus complétement les spectateurs contre les dangers de l'arène; enfin on pourra trouver les traces d'un euripe ou canal placé dans quelques amphithéâtres à la base du *podium*, pour éloigner encore les animaux.

Si des fouilles pratiquées dans l'étendue de l'arène mettent au jour des substructions étroites, on y reconnaîtra des canaux convenables à l'écoulement des eaux; plus étendus, ces conduits pourraient former un système d'aqueducs liés aux citernes et châteaux d'eau de la ville : on y verrait alors un moyen d'amener l'eau dans l'arène pour des jeux nautiques. Un troisième motif enfin peut être attribué aux constructions trouvées sous le sol central de l'amphithéâtre, c'est à savoir une suite de corridors destinés aux machinistes qui faisaient paraître des décorations.

En France, des amphithéâtres creusés dans le roc son tracés sur des plans en polygones plus ou moins réguliers.

## § X. CIRQUE.

Beaucoup plus allongé que l'amphithéâtre, le cirque fut destiné aux courses de toute espèce et particulièrement à celles des chars : deux lignes parallèles de gradins ou de talus en terre, peu élevés, se développaient sur une grande étendue; reliés d'un côté par une portion de cercle, les bancs y prenaient la forme d'un théâtre, au fond était une tribune, plus souvent une entrée dans la carrière. A l'extrémité opposée, les lignes parallèles étaient réunies par une construction oblique, dans laquelle des remises de chars ou *carceres* fermées de grilles servaient de point de départ aux courses.

CIRQUE.

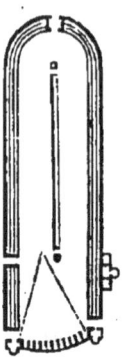

Au centre de la carrière et dans le sens de sa longueur, un mur peu élevé, formant l'arête ou épine de l'édifice, était construit, non parallèlement aux bancs des spectateurs, mais dans une inclinaison telle qu'au moment du départ tous les chars avaient le même avantage de distance.

A chaque extrémité de l'épine, trois bornes en marbre, isolées entre elles et enrichies de sculptures, guidaient les courses et devaient être doublées un certain nombre de fois; des obélisques, des statues, des machines ingénieuses pour donner le signal du départ, et jusqu'à des bassins où l'on abreuvait les chevaux, où l'on puisait pour rafraîchir les roues des coureurs, étaient rangés sur cette épine.

La France a conservé des ruines de ces édifices de luxe et de plaisir, et plus d'un hippodrôme dont les constructions auraient disparu pourra se reconnaître aux formes des terrains, aux pentes alignées des collines voisines des villes, à des terrasses couronnant des arènes naturelles. C'est alors qu'on cherchera les rapports que présentera la longueur avec le stade ou les mesures romaines, qu'on déterminera sur les plans l'inclinaison des *carceres* et de l'épine, qu'on calculera le nombre de spectateurs que contenaient les gradins. Dans les villes, ces études, plus difficiles en raison des percements de rues et des maisons placées sur le sol des cirques, nécessiteront dans les caves et les substructions des édifices particuliers des recherches minutieuses de tout ce qui peut en faire partie. La grande étendue de ces monuments ne permit souvent d'établir que des bancs en bois : dans ce cas, on retrouvera l'enceinte générale, qui fut aussi solidement construite que si elle avait été destinée à supporter des gradins en pierre.

### § XI. BASILIQUES.

La présence d'une basilique était une condition indispensable aux villes qui devaient être élevées au rang de municipe ; cet édifice, placé sur le forum et consacré aux transactions de négoce ainsi qu'au tribunal, était la bourse de nos villes modernes.

La distribution intérieure, uniquement formée par des colonnes isolées, l'absence des voûtes en pierre remplacées par des plafonds en bois, le peu d'épaisseur qu'une construction aussi légère avait fait donner ordinairement aux murs extérieurs, telles furent les causes de la destruction presque générale de ces monuments.

Un autre motif de destruction non moins puissant fut l'emploi que les premiers chrétiens firent des riches colonnes de ces basiliques d'usage civil, pour en décorer leurs basiliques religieuses établies sur des dispositions analogues. La grande similitude qui régna entre ces deux genres d'édifices doit faire éviter à MM. les correspondants de confondre les ruines d'une basilique romaine avec celles d'une église primitive ; l'étude des détails de construction, des ciments, des fragments d'architecture, pourra déterminer l'usage primitif du monument.

L'orientation du plan peut encore servir de guide dans les recherches.

BASILIQUE.

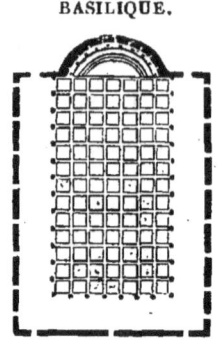

Le plan allongé des basiliques offrira une vaste circulation, séparée de la nef centrale par deux ou quatre rangs de colonnes. Au fond, une disposition demi-circulaire indiquera le lieu qu'occupait le tribunal; les angles du plan pourront donner les indications d'escaliers desservant l'étage supérieur, composé d'une galerie ouverte sur la nef. Lorsqu'une fouille sera suffisamment étendue pour permettre d'attribuer à un édifice de ce genre les constructions mises au jour, après le relevé du plan et les autres travaux déjà indiqués, on cherchera dans les fragments des détails suffisants pour compléter les deux ordres d'architecture intérieure.

Les gradins du tribunal, l'exhaussement de son sol au-dessus de celui du monument, les traces de clôture et d'appui qui pourraient indiquer une distribution d'ordre et de police intérieure, offriront des observations neuves; l'orientation du plan et la facilité de ses abords vers la place publique et les rues adjacentes compléteront les dessins géométraux.

### § XII. CONSTRUCTIONS PARTICULIÈRES.

La distribution intérieure des villes antiques à l'égard des rues, des carrefours, des places publiques, était établie sur un plan régulier lorsque le terrain le permettait. Généralement les percées principales n'ont point changé dans les cités modernes, malgré les accumulations de murailles de tous les âges et les pavements successifs. On doit donc s'attendre à rencontrer, dans les fouilles qui couperont les rues principales, des traces de voies romaines plus ou moins rapprochées du sol actuel; on étudiera la fabrication de ces voies et leur pavement. Les substructions des maisons récemment établies sur les rues antiques sont souvent maçonnées avec des pierres enlevées à ces chaussées qui, pavées en roche dure, en lave ou en granit, offraient un *opus incertum* formé de masses épaisses et faciles à reconnaître.

Les *insulæ* ou îles de maisons, comprises entre les rues, étaient comme de nos jours divisées en lots plus profonds que larges. L'habitation romaine, plus commode à tous égards que celle des Gaulois, s'y établissait avec ses distributions intérieures, et soumise aux lois de mitoyenneté.

La façade, ouverte d'une ou plusieurs boutiques, avait de plus un passage conduisant à un espace plus large nommé *atrium,* et dont le centre était occupé par un bassin destiné à recevoir les eaux pluviales; les pièces disposées autour de l'*atrium* étaient celles qu'habitaient le maître et sa famille.

MAISONS.

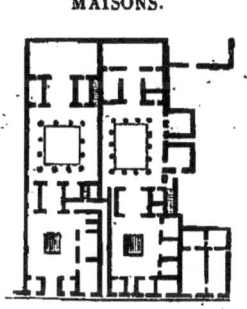

Si le propriétaire était un riche citoyen, une seconde cour ou péristyle entouré de chambres plus vastes, d'un *triclinium* ou salle à manger, de pièces de luxe, etc., formait son habitation réservée. Les villes antiques ont trop souffert en France pour qu'on puisse trouver des habitations entières, mais plus d'une mosaïque de *triclinium,* plus d'un pavement de boutique ou de quelque pièce de luxe ont arrêté la pioche des terrassiers. Dans le cas où MM. les correspondants auraient connaissance d'une découverte de ce genre, non-seulement ils dessineront la mosaïque, et s'opposeront à ce que sous prétexte de spéculation elle soit détruite, mais encore ils devront la faire couvrir de manière à la préserver de la ruine.

Établies dans un climat tout autre que celui de l'Italie, les maisons de la Gaule offriront une circonstance que MM. les correspondants ne doivent point négliger. Des hypocaustes ou calorifères souterrains répandaient la chaleur par des tuyaux de terre cuite placés sur les parois des appartements; ils offriront une étude curieuse non-seulement sous le point de vue archéologique, mais encore sous celui des améliorations à faire à nos maisons modernes[1]. On y pourra faire des observations intéressantes sur la nature des combustibles.

HYPOCAUSTE.

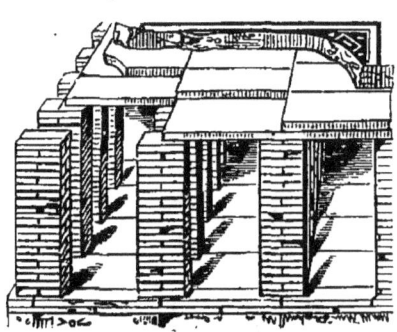

---

[1] Ces calorifères sont de petites dimensions; on ne doit pas les confondre avec ceux des bains.

Dans le lieu le plus retiré de l'habitation, les divinités laraires étaient déposées dans une petite chapelle plus ou moins décorée : c'est à ces monuments qu'on pourra trouver des peintures curieuses; elles seront copiées avec les couleurs antiques, ainsi que toutes celles qui auraient fait partie du décor intérieur de la maison. Les enduits qui portent des peintures doivent être étudiés dans leur composition.

Le *balneum* ou bain privé se présente rarement dans les maisons romaines; la Gaule en a donné quelques exemples : il serait important de recueillir ceux qui se présenteront à l'avenir.

Des caves ou celliers se rencontrent dans les fouilles qui s'opèrent sur les villes antiques pour établir des constructions modernes, et quelquefois dans des lieux isolés. Les amphores destinées à contenir les liquides étaient plantées dans le sol de ces caves, et rangées sur une ou plusieurs lignes.

Les fours à cuire le pain, les fourneaux à cuisine,

MEULE À BRAS.

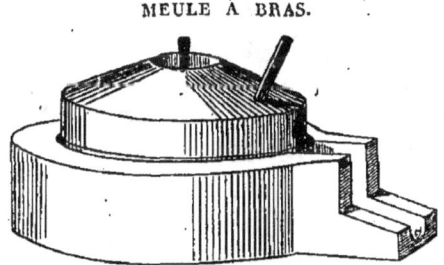

les meules à bras, les moulins, seront recueillis comme des détails de nature à faire connaître une partie de l'industrie gallo-romaine.

MOULIN.

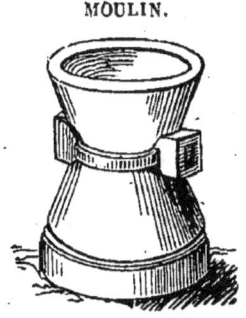

Des puits, des bassins à laver ou destinés à recevoir les eaux pluviales dans l'*atrium* et dans les péristyles, des piscines d'une plus grande étendue et situées dans les jardins, tels sont les détails qui pourront se présenter dans les maisons particulières des villes.

PUITS.

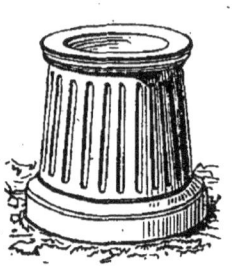

On pourra reconnaître au sol qui couvre aujourd'hui les constructions, si elles étaient entièrement établies en pierre; les maisons de bois étaient communes dans le Nord. La campagne peut offrir aussi des notions sur les habitations de riches citoyens qui pendant l'été s'éloignaient des affaires. Le Laurentin ou *villa* de Pline, les nombreuses maisons de Cicéron, sont assez connus par les descriptions, pour qu'on y retrouve tout le luxe des habitations de la ville. Les moyens d'étude indiqués précédemment sont donc applicables aux constructions particulières qui se trouveront *extra muros*.

Les travaux agricoles groupèrent des fermes ou habitations rurales pour l'exploitation des terres; la distribution de ces bâtiments, les destinations diverses des corps de logis, tels que granges, étables, etc., devront être indiquées par les plans; et de la nature de ces corps de fermes pourront quelquefois se tirer des inductions sur le genre de culture autrefois en usage dans telle ou telle province.

M. Féret a fait dans la Normandie des observations de ce genre qui ont produit d'heureux résultats.

Aux instructions qui précèdent, et qui s'appliquent aux monuments au-dessous du sol comme à ceux que des fouilles anciennes ou récentes mirent au jour, on doit joindre quelques observations relatives aux découvertes à faire, et à la direction à donner aux travaux de terrasse.

L'inspection souvent répétée d'un terrain qui présentera des chances de succès aux explorations, y fera reconnaître certaines ondulations prolongées, d'une couleur différente de celle de l'*humus* des environs, et empruntée des ciments, des débris de terre cuite et de pierre calcaire.

Si le sol est livré à la culture, la germination plus lente sur les murs cachés près de sa surface fera voir à l'observateur des nuances différentes dans la verdure; par le plus ou moins de force dans la végétation, on pourra suivre les constructions antiques dont souvent le plan entier est dessiné par des lignes de plantes étiolées.

Après les pluies abondantes, non-seulement le sol emprunte ses nuances des débris qu'il renferme, mais encore des éboulements s'opèrent, et peuvent mettre au jour des constructions, des poteries, des pierres gravées et des médailles.

Dans les contrées maritimes ou sur les bords des fleuves, les orages entraînent des portions de terrain considérables; les observations de MM. les correspondants doivent se diriger vers les rives ainsi entamées.

Il n'est pas moins ordinaire dans les montagnes de voir les torrents causés par les fontes de neiges déchausser les constructions antiques, entraîner dans les ravins des fragments précieux, des médailles et autres objets.

Jamais, en aucune circonstance, un terrain ne doit être

rétabli à l'état qui précédait l'exploration, sans que des dessins et des procès-verbaux ne constatent les découvertes, et ne les fassent connaître dans tous leurs détails de nivellement, de dispositions générales et particulières, et dans tout ce qui est relatif à la construction et à l'emploi des matériaux.

On doit veiller à ce que les ouvriers entamant la terre avec prudence, et ordinairement à la bêche, ne brisent point les mosaïques ou les sculptures, ne détruisent pas les lignes de distribution qui, dans les maisons, présentent souvent l'épaisseur d'une seule brique.

## MONUMENTS MEUBLES.

### PREMIÈRE ÉPOQUE. — INDÉPENDANCE GAULOISE.

Les monuments meubles de cette époque qu'on découvre habituellement sur le sol de la France sont:

1° Des armes,
2° Des ustensiles d'un usage civil ou religieux,
3° Des poteries,
4° Des monnaies.

Les armes gauloises, de fer ou de bronze, antérieures à l'influence grecque ou à la conquête romaine, sont ou inconnues ou très-difficiles à distinguer. Les haches en silex, d'un emploi beaucoup plus religieux que guerrier, paraissent appartenir à la civilisation aborigène; mais on ne peut douter que la population gauloise n'ait continué à faire, dans les temps romains, un usage commémoratif de ces objets.

On a constaté, en fait d'armes et d'ustensiles purement gaulois, l'emploi du silex, de la pierre ollaire, et de l'os. Certains bijoux d'or, par le caractère du travail, peuvent être attribués à l'époque primitive; quelques anneaux, bracelets et colliers de bronze offrent, sous le rapport de l'attribution, le même degré de probabilité. Les poteries gauloises ne se distinguent des gallo-romaines que par l'imperfection du procédé céramique; on n'y rencontre en général ni symboles, ni représentations; leur étude intéresse spécialement l'histoire des arts industriels.

Les monnaies purement gauloises sont en revanche très-nombreuses : on en connaît en or, en électrum, en argent, en bronze et en potain. Nous en parlerons bientôt dans un chapitre consacré spécialement à la numismatique.

En général on doit recommander une surveillance exacte, un soin persévérant et minutieux dans tout ce qui concerne les investigations gauloises. On a vu tout ce que l'étude des tombelles, des ossuaires, des *oppida,* des temples et enceintes druidiques, pouvait produire de précieux résultats. Le terrain compris dans ces enceintes et celui du voisinage ne sauraient être négligés. Les moindres vestiges du séjour de l'homme ou des animaux domestiques dans ces localités peuvent conduire à des inductions curieuses [1].

[1] Nous recommandons, comme un modèle dans ce genre de recherches, le travail que M. Féret, de Dieppe, a publié sur la cité de Limes. — *Mémoires de la Société des Antiquaires de Normandie,* tome III.

## DEUXIÈME ÉPOQUE. — COLONISATION GRECQUE.

On trouve dans le midi de la France un grand nombre de monnaies grecques, quelques rares inscriptions, des marbres plus rares encore, des figurines et des ustensiles de bronze, des débris seulement de vases et de bijoux.

Une mine, jusqu'à présent beaucoup plus riche que celle des marbres ou inscriptions appartenant aux villes grecques de la Gaule, est celle des figurines de bronze, de travail indubitablement grec, que le goût des riches amateurs a dû, dès les temps antiques, faire affluer sur notre sol. Il est, du reste, à peu près inutile de donner aucune instruction précise à ce sujet, les monuments de cette espèce se recommandant d'eux-mêmes par le mérite de l'art, et la matière dont ils sont formés ne présentant aucun appât à la cupidité.

On doit recommander aux correspondants de recueillir avec le plus grand soin, sur le sol des villes grecques, les moindres fragments qui pourraient nous faire reconnaître avec certitude de quel genre de poterie les Grecs de la Gaule faisaient usage.

## TROISIÈME ÉPOQUE. — CONQUÊTE ROMAINE.

Le plus grand nombre des monuments antiques qu'on découvre sur le sol de la Gaule appartiennent à l'époque de la domination romaine. On peut diviser les monuments en cinq classes principales :

1° Les inscriptions et marbres,

2° Les vases et bijoux en or et en argent,

3° Les bronzes,

4° La poterie et les verres,

5° Les monnaies et médaillons.

§ I. INSCRIPTIONS ET MARBRES.

Les inscriptions n'offrant aucune valeur commerciale sont par cela même les plus faciles à conserver de tous les monuments. Un travail utile à entreprendre dans tous les lieux qui fourmillent d'inscriptions romaines, c'est de former un recueil exact de toutes celles qui se trouvent dispersées dans les maisons et incrustées dans les murs, en indiquant la position et la proportion de chacune d'elles. Les correspondants feront bien de ne pas réserver pour leur propre usage de semblables recueils, s'ils en possèdent d'anciens, ou s'ils en forment eux-mêmes de nouveaux. On doit les engager à déposer au moins une copie de ces recueils dans la bibliothèque publique la plus voisine de leurs résidences. Beaucoup de personnes croient faciliter la lecture des inscriptions en remplissant d'une teinte rouge le creux des lettres ; on doit s'abstenir de cette opération, pour peu que les linéaments tracés sur la pierre ou le marbre présentent la moindre incertitude.

Les correspondants doivent suivre avec soin les démolitions d'anciens édifices, et les constructions nouvelles. Il leur sera toujours facile d'obtenir les pierres ornées d'inscriptions, au moins pour l'échange de pierres nues de mêmes dimension et qualité. S'ils rencontrent à cet égard de la résistance chez les constructeurs et démolisseurs, ils chercheront à obtenir au moins que les inscriptions ne soient pas retournées ou couvertes de ciment ou d'enduit dans la construction, et qu'on les place à portée de l'œil des passants. On recommande aux correspondants qui se seraient procuré, par ces soins assidus, des inscriptions antiques, de n'en décorer leurs habitations qu'au cas où eux-mêmes occuperaient le sol d'une ville antique, et où leur résidence serait trop éloignée d'un musée de ville ou de département. Le mieux toujours est de faire transporter les inscriptions au musée, à la bibliothèque, s'il n'y a pas de musée ; à la mairie, s'il n'y a pas de bibliothèque.

On doit veiller, avec la même attention, à ce que des bas-reliefs ou des figures de ronde-bosse ne soient pas employés comme matériaux ordinaires dans les constructions nouvelles. A moins d'un mérite d'art tout à fait extraordinaire, il ne faut pas exposer les marbres aux risques des transports. Les correspondants avertiront, autant que possible, de leur erreur les propriétaires de marbre qui se soumettraient à des dépenses considérables d'emballage et d'expédition, dans l'espérance, presque toujours trompée, de tirer commercialement parti de la vente des marbres antiques. Les marbres, comme les inscriptions, doivent autant que possible rester dans la localité qui les a fournis. Les marbres intéressants par l'art ou le sujet sont rares ; comme renseignement local, il n'en est aucun qui ne soit digne d'attention.

§ II. VASES ET BIJOUX EN OR ET EN ARGENT.

Toutes les fois qu'un correspondant aura connaissance de la découverte de vases ou de figures d'argent, de bijoux d'or, et autres objets en matière précieuse, et menacés d'être anéantis par le creuset, il devra autant que possible se transporter de sa personne sur le lieu de la découverte, donner avis au propriétaire de la valeur d'affection qui s'attache aux objets antiques de cette nature, empêcher par toutes les voies de persuasion, que les objets ne soient transportés chez les orfè-vres, les suivre chez ces derniers, s'il y a lieu, et réveiller chez eux le sentiment intéressé qui peut assurer la conservation des monuments.

Quand ce premier danger est passé, les objets en matière précieuse s'écoulent naturellement par les voies du commerce des antiquités. Pour peu que la masse de chaque découverte soit considérable, il est bien difficile que les propriétaires trouvent dans les ressources locales un moyen d'assurer la possession de tels monuments au pays qui les a produits. Les correspondants doivent au moins s'employer pour qu'il reste dans le plus prochain musée au moins un échantillon des monuments découverts, ou suppléer à leur absence par des empreintes et des dessins.

## § III. BRONZES.

On comprend sous ce titre, 1° les fragments de statues colossales ou de grandeur naturelle, les figures, et générale-ment toutes les représentations en grand et en petit d'hommes et d'animaux; 2° les armes, vases, instruments et ustensiles d'un usage militaire, religieux et civil; 3° les décrets et actes civils sur tables et lames de bronze.

La plupart des bronzes, comme les marbres, n'intéressent que les localités dans lesquelles on les trouve. Pour peu qu'on habite le sol d'une ville antique, il est aisé de former à peu de frais des collections dans lesquelles figurent :

Des représentations plus ou moins grossières de divinités romaines ou gallo-romaines;

Des fers de lance, des haches et des épées en bronze, des débris de casque et de cuirasse;

Des débris de vases religieux, domestiques ou funéraires;

Des clefs, des fragments de revêtement, des clous, des fibules, des boutons, des cuillers, et autres objets qui se rapportent aux habitations, aux vêtements et à la nourriture
des Romains.

On joint aisément à de telles collections des épingles en os,
des ustensiles en plomb, etc. Les instruments de fer se trouvent
en général trop oxydés, pour que la forme n'en soit pas complétement altérée; toutefois on peut tirer de ces instruments
de bonnes indications. Les cachets de médecins oculistes, les
tessères des gladiateurs sont au nombre des objets les plus précieux pour l'étude des mœurs antiques; les fibules et autres
objets en bronze, qui présentent des vestiges d'émail, doivent
être recueillis avec grand soin, comme propres à éclaircir une
partie peu connue de l'industrie des anciens.

En général, dans la formation de semblables collections,
composées d'objets dont la valeur commerciale est limitée,
les correspondants ne devront s'attacher qu'aux monuments
qu'ils auront vus, pour ainsi dire, sortir de terre sous leurs
yeux. Dans la plupart des départements, les objets de compa-
raison sont trop peu nombreux pour que chacun puisse espérer d'habituer ses yeux à distinguer avec certitude les monuments réellement antiques des monuments falsifiés dont le
commerce abonde : mieux vaut un choix très-borné, mais sûr,
qu'un ramas d'objets sans authenticité, au milieu desquels se
perdent ceux qui méritent une véritable confiance.

Les objets réellement précieux en bronze ne courent pas
le risque d'être anéantis. Il n'y a pas d'année qui n'amène à la
surface du sol de la France un certain nombre de figurines
de bronze tout à fait dignes d'admiration. Le devoir des correspondants devra se borner, en ce qui concerne les bronzes,

à stimuler l'amour-propre encore plus que l'intérêt des possesseurs, à les engager à déposer dans les collections locales les figurines, armes, vases et ustensiles qui leur appartiennent, plutôt qu'à les faire passer dans le commerce; à s'efforcer enfin de leur faire comprendre, qu'à l'égard des prix d'affection, les bénéfices sont presque toujours nuls pour les premiers détenteurs.

### § IV. TERRES CUITES, POTERIE ET VERRERIE.

Le territoire de la Gaule fournit abondamment des vases de terre rouge avec des ornements ou des figures en relief. Ceux de ces vases qu'on trouve entiers et intacts sont, comparativement, rares et assez précieux. La plupart portent au-dessous du culot une inscription latine qui est le nom ou la marque du fabricant.

On découvre moins fréquemment d'autres vases d'un usage évidemment funéraire, dont la couverte, d'un noir ardoisé, et l'extrême légèreté rappellent la fabrique de la Campanie. Ces vases offrent pour ornements de simples rosaces, et presque toujours l'inscription : AVE, en peinture blanche superposée et incorporée par la cuisson à la couverte noire. La cassure de ces vases montre une pâte d'un rouge assez vif.

Les amphores de simple terre cuite, et les autres débris appartenant à la poterie domestique offrent un beaucoup moindre intérêt.

On ne remarque pas une très-grande variété de sujets parmi les figurines de terre cuite qu'on découvre ordinairement sur le solde la France. Nous devons principalement signaler des figures de *Venus Genitrix,* des animaux de différentes espèces, et surtout les bustes embrassés d'Isis et de Sérapis, et autres vestiges de l'infiltration des religions égyptiennes en Gaule : le travail de ces figures est rarement fini et délicat.

La verrerie antique consiste surtout, dans notre pays, en urnes de verre destinées à renfermer des cendres. On en découvre un grand nombre, et souvent de remarquables pour la forme et la dimension. A côté de ces urnes se rencontrent presque toujours de petits *lecythus,* ou vases à parfums, improprement nommés lacrymatoires.

Il n'est aucune partie de la France qui ne puisse fournir des monuments analogues à ceux que nous venons de décrire en assez grande abondance pour que les musées, et, à défaut des musées, les bibliothèques des villes n'en soient pas pourvues.

## § V. NUMISMATIQUE.

Les monuments numismatiques qu'on découvre sur le sol de la Gaule appartiennent à diverses origines, et peuvent être distingués en plusieurs classes. On y trouve des médailles grecques, des médailles gauloises et des médailles romaines.

Marseille doit être considéré comme la source et le point de départ de l'émission des monnaies grecques dans la Gaule. Les autres villes grecques de la côte ou de l'intérieur, telles qu'Antibes (Antipolis), Agde (Agatha), Rhodanusia, Béziers (Beterra), Avignon (Avenio), n'étaient que des colonies ou des dépendances de la métropole phocéenne. Les monnaies à légende grecque de ces villes reproduisent en général les types et la coupe des médailles marseillaises. Les villes de la côte indiquent le développement de la prospérité commerciale de Marseille : celles de l'intérieur, l'accroissement du territoire que Marseille dut à la faveur des généraux romains, Marius et Pompée, et dont la plus grande extension précéda d'un petit nombre d'années la ruine politique de Marseille. C'est là une opinion que M. le marquis de La Goy a développée avec beaucoup de talent et de vraisemblance dans une récente publication [1], et qui nous paraît devoir être consacrée par la science.

Autrefois on ne connaissait de Marseille que des médailles assez uniformes de types, et dont presque aucune n'excitait l'intérêt par la singularité des représentations et la rareté des exemplaires. Nous devons depuis peu d'années à M. le marquis de La Goy [2] la connaissance des plus anciennes monnaies de Marseille, dont les types et la fabrication rappellent l'origine asiatique des Marseillais. Le même savant a publié les médailles grecques de Glanum, aujourd'hui Saint-Remy; le Cænicense, peuple dont le territoire est inconnu; de Nîmes, de Sénas, et même des Tricorii, peuple du Dauphiné. La fabrication de ces dernières pièces est postérieure au don que César fit aux Marseillais d'une partie considérable du territoire de la Gaule, et antérieure à la prise de Marseille par le même général.

Toutes ces monnaies, ainsi que celles de Marseille, sont d'argent ou de bronze. On n'en a pas découvert en or jusqu'à ce jour.

Il est difficile de saisir la liaison qui a pu exister entre la numismatique grecque de Marseille et celle des Gaulois proprement dits : et même il est permis de douter que l'exemple des Marseillais ait été fructueux en dehors de l'influence directe de Marseille et des villes qui lui étaient soumises [5]. Plu-

---

[1] *Notice sur l'attribution de quelques médailles des Gaules.* Aix, 1837, in-4°, pages 3 et suivantes.

[2] *Description de quelques médailles inédites.* Aix, 1834, in-4°.

[5] Les monnaies d'argent qu'on découvre principalement à Vieille-Toulouse, et au revers desquelles on remarque *une espèce de croix* avec divers attributs, paraissent plutôt appartenir à la civilisation ibérique, qu'à la civilisation gauloise. Feu Tôchon regardait

sieurs siècles après l'établissement des Phocéens sur nos côtes, la conquête de la Macédoine par les Gaulois paraît avoir propagé l'usage de la monnaie dans l'intérieur de la Gaule. Les conquérants ayant rapporté dans la mère patrie un nombre prodigieux de doubles statères en or de Philippe, fils d'Amyntas, le cours de cette monnaie s'établit dans la contrée et donna lieu à l'établissement d'ateliers monétaires, dans lesquels on imita d'abord grossièrement le type macédonien *du bige au revers du buste d'Apollon*, mais où le caprice des artistes gaulois introduisit bientôt une foule de variantes plus ou moins bizarres, et quelquefois tellement accumulées qu'on a peine à reconnaître la trace du modèle. Grâce à ces altérations, la diversité des types s'établit enfin dans la Gaule; la monnaie d'argent, imitée des deniers consulaires romains, et celle de bronze furent frappées avec infiniment plus de liberté dans le choix des types que la monnaie d'or : les animaux sacrés de la Gaule, les emblèmes caractéristiques des divers peuples y trouvèrent leur place. Au moyen d'un alphabet en usage chez les Gaulois, et où l'on remarque le mélange des lettres grecques et des lettres latines, le nom, tantôt des chefs, tantôt des peuples, souvent de tous les deux ensemble, fut reproduit sur les médailles. On déterminerait difficilement l'époque à laquelle cet usage s'établit chez les Gaulois; mais c'est peu se hasarder que d'en placer l'introduction après la réduction de la Gaule Narbonnaise en province romaine, l'an 121 avant Jésus-Christ. La plupart même de ces pièces paraissent avoir été frappées au milieu des circonstances critiques qu'amena l'entreprise de Jules César, et pour subvenir aux besoins de la guerre. On a lu avec certitude sur les mé-

---

ces pièces comme imitées des monnaies d'argent de Rhoda de la Tarragonaise. M. Chaudruc de Crazanne prépare un travail important sur cette question.

dailles les noms d'un assez grand nombre de chefs dont César fait mention dans ses Commentaires, ceux d'*Ambiorix, Litavicus, Adcantuanus, Duratius, Tasgetus*. On s'est même flatté récemment, mais avec moins de probabilité, d'avoir retrouvé sur une médaille d'or le nom de *Vercingetorix*. Ces recherches, poursuivies autrefois avec plus de zèle que de lumières, prises récemment d'après des principes plus fixes [1], ont encore besoin de se régulariser pour produire tous leurs fruits. La fixation définitive de l'alphabet gaulois, les limites de l'emploi exclusif des caractères grecs, les règles qui ont dû présider aux désinences de mots, et qui doivent conduire à distinguer positivement les noms des peuples de ceux des chefs, quand les légendes ne sont pas mutilées, toutes ces questions réclament l'application d'esprits patients, méthodiques, et plus curieux d'accroître le domaine de la certitude que celui des aperçus sans consistance.

Cette étude philologique devra précéder et amener le classement régulier des types, et l'appréciation des médailles sans légende, qui constituent la grande majorité des monuments numismatiques de la Gaule. On fera d'abord une large part à ce que les antiquaires ont appelé *plagia barbarorum*, c'est-à-dire à ces pièces qui ne sont qu'une contrefaçon plus ou moins habile, plus ou moins grossière, des monnaies rapportées de la Grèce. Le gisement de ces contrefaçons est extrêmement étendu; il comprend non-seulement le territoire de la Gaule, mais encore tout le pays qui s'étend depuis le Rhin jusqu'à la Macédoine, en traversant la Norique, la Pannonie, la Thrace occidentale et l'Illyrie. Les pièces d'or au type de Philippe.

---

[1] La Revue de la Numismatique française, qui a commencé de paraître à Blois en 1836 sous la direction de MM. Cartier et de la Saussaye, a notablement contribué aux progrès de cette étude.

sont plus communes en Gaule; les tétradrachmes d'argent, imités des pièces du même prince, extrêmement abondants dans la Hongrie et les contrées plus au sud encore, sont, ou très-rares, ou extrêmement grossiers de fabrication sur notre sol. Sans attribuer à des populations d'origine gauloise toutes ces contrefaçons, on ne peut s'empêcher de constater l'analogie de caractère qu'elles présentent toutes entre elles, et de se rappeler en même temps le long séjour des tribus gauloises à l'ouest et au nord de la Macédoine, séjour qui remonte à plus d'un siècle avant la conquête de ce royaume sur Ptolémée Céraunus (l'an 278 avant J.-C.).

Outre ces pièces d'or et d'argent, les Gaulois employaient pour les transactions les plus ordinaires, des signes monétaires d'une nature spéciale, et particulièrement des *rouelles* évidées de bronze ou de potain, dont on retrouve fréquemment la figure parmi les accessoires des *Philippes d'or* contrefaits dans la Gaule, et même de quelques monnaies de Marseille. Ces rouelles paraissent avoir constitué une des monnaies courantes[1] les plus anciennement usitées dans la Gaule; les pièces de bronze ou de potain appartiennent sans doute à un âge plus voisin de la conquête romaine; les pièces de potain en particulier sont reproduites par le même procédé que les rouelles, c'est-à-dire coulées ou plutôt soufflées dans un moule. Les pièces de potain ne portent jamais de légende, mais des attributs limités à chacun des peuples qui en faisaient usage. Le classement des pièces de potain et de bronze sans légendes appartient aux antiquaires dispersés sur le sol de la France; eux seuls peuvent constater rigoureusement les limites dans lesquelles on trouve principalement et en grande abondance

---

[1] M. F. de Saulcy a donné une excellente notice sur les *Rouelles monétaires* des Gaulois, dans la Revue Numismatique française, tom. 1ᵉʳ, pag. 169-74.

des types identiques, et en inférer l'attribution à tel ou tel peuple dont le territoire était contenu dans les mêmes limites. Le même genre de recherches, suivi avec persévérance et bonne foi, peut mettre sur la voie du classement des imitations des *Philippes*, toutes les fois que ces imitations se distinguent par l'addition ou la substitution d'attributs bien déterminés. Les personnes éloignées du centre des études ont, quant au point que nous venons d'indiquer, un avantage signalé sur les antiquaires de la capitale. Les correspondants reconnaîtront à cet égard ce que leur position a de favorable, et ne négligeront pas d'en tirer parti.

### MÉDAILLES ET MÉDAILLONS GRECS, GAULOIS ET ROMAINS.

Bien que la monnaie romaine en Gaule ait été soumise aux règlements généraux de l'empire, et que par conséquent il soit presque toujours impossible de distinguer les pièces frappées dans cette province de celles que les ateliers de l'Italie ont produites, il est certains types, tels que celui de l'autel de Lyon, sur les médailles d'Auguste et de Tibère, qui présentent un intérêt local. Outre cela on connaît, de l'époque primitive, des monnaies coloniales de Cavailhon, Nîmes, Vienne, Lyon, et de la ville de Ruscino, qui a donné son nom à la province de Roussillon, et sur les débris de laquelle Perpignan s'est élevé.

Les monnaies de certains empereurs qui n'ont régné que sur la Gaule, tels qu'Albin, Tétricus, Victorin, Marius, Postume, etc., sont évidemment l'œuvre des artistes gaulois. On remarque avec surprise, à l'époque de Tétricus et de Postume, la grande supériorité des monnaies fabriquées en Gaule sur celles de Valérien, de Gallien et des autres princes qui possédaient alors l'Italie.

On distingue les pièces d'or en médaillons et médailles. Les médaillons sont des pièces excédant le module ordinaire, d'un poids supérieur à la monnaie courante, et qui, fabriquées en petit nombre, pour des occasions solennelles, n'ont probablement jamais été mises dans la circulation.

Les médailles d'or du module de l'*aureus,* et qui plus tard ont servi de modèle au *solidus,* ou *sou d'or* des empereurs carlovingiens, ont été si multipliées dans notre pays, qu'au commencement de la troisième race elles figuraient encore au nombre des monnaies courantes. Les grands bronzes de fabrique romaine continuent, dans le midi de la France, d'être reçus pour la valeur d'un décime.

Le sol de la Gaule a fourni à diverses reprises des médaillons très-remarquables. Ceux qu'on avait découverts à Cherbourg et à Boulogne-sur-Mer avaient surtout fixé l'attention. Il ne reste plus, de ces précieux monuments, qu'un des médaillons trouvés à Cherbourg.

La tête de Lælianus, l'un des trente tyrans dont la vie a été écrite par Trébellius Pollion, peut être considérée comme la plus rare de celles qui appartiennent en propre à la Gaule; on distingue ensuite, par ordre de rareté, celles de Marius, de Victorin, de Tétricus le fils, d'Albin, et les beaux revers de Postume représentant les travaux d'Hercule.

On ne doit nullement se régler, pour l'argent et le bronze, sur les raretés de l'or. Telle tête précieuse en or, par exemple celle de Tétricus le père, se rencontre par milliers en argent, ou plutôt en *bronze saucé.* En général on ne doit s'attacher, tant dans l'argent que dans le bronze, qu'aux médailles d'une bonne conservation, à celles dont les légendes et les

types sont lisibles : les autres n'offrent ni intérêt, ni valeur.

Pour l'acquisition et le classement des médailles, les collecteurs des départements se règlent avec raison sur le livre de M. Mionnet, intitulé : *Du prix et de la rareté des médailles romaines.* Mais beaucoup, faute d'avoir lu avec l'attention convenable les observations dont ce livre est précédé, ignorent comment on doit faire usage des descriptions et des évaluations de M. Mionnet. Il faut toujours se rappeler, en prenant ce livre :

1° Que tout revers non décrit par M. Mionnet est commun, et par conséquent n'augmente pas la valeur attribuée à la tête ;

2° Que pour toutes les pièces dont l'évaluation ne s'élève pas au-dessus du taux moyen, cette valeur même ne peut être attribuée qu'aux échantillons dont la conservation est parfaite.

La chance des fouilles peut, il est vrai, donner un revers ou une tête entièrement nouveaux. Mais d'abord ces occasions sont infiniment rares ; puis, pour quiconque a quelque peu manié les médailles romaines, les types inconnus présentent quelque chose d'insolite qu'on ne saurait confondre avec les types vulgaires. En cas de doute on fera bien de ne pas s'en tenir à l'ouvrage de M. Mionnet ; et si l'on n'a pas à sa disposition la Doctrine d'Eckhel, on devra consulter les anciennes collections de Tristan, de Vaillant, de Morell, de Banduri, de Beauvais, etc., moins rares dans notre pays.

Il est utile de noter avec soin, dans toutes les découvertes de médailles, même les plus communes, jusqu'à quelle époque remontent les pièces les plus anciennes, et jusqu'où descendent les plus modernes. Dans toutes les fouilles de monuments antiques, les médailles sont l'indice le plus sûr des limites chronologiques dans lesquelles se sont prolongés l'usage et la fréquentation des édifices.

Les médailles, comme les autres monuments de métal, sont exposées non-seulement à être détruites par la fonte, mais encore à être altérées par des nettoyages où des restaurations malhabiles. On peut tracer à cet égard quelques règles dont l'application ne présente aucun inconvénient.

Les pièces d'or peuvent être soumises à l'action de l'eau-forte; c'est un moyen sûr d'en enlever le tartre, et de leur rendre leur fraîcheur primitive, sans leur faire subir la moindre détérioration.

L'argent, très-souvent altéré dans le sein de la terre par une oxydation profonde, ne supporte alors d'autre mordant que le jus de citron ou une dissolution très-étendue d'ammoniaque. Ces substances opèrent lentement, mais à coup sûr.

Tous les acides ou alcalis, même les plus faibles, altèrent le bronze. Pour nettoyer les pièces de ce métal, on n'a d'autre ressource que les agents mécaniques. L'emploi de ces agents réclamant une habileté et une expérience particulières, on recommande à ceux qui découvrent des monuments antiques de s'abstenir complétement de tout nettoyage des bronzes.

Les *patines* ordinaires, et surtout les patines vertes, les plus communes dans notre pays, n'ont rien à craindre de l'emploi de l'huile. On peut faire usage de ce préservatif quand la surface du monument est ferme et d'un beau poli; on doit s'en abstenir complétement si la patine est friable, ou sujette à l'exfoliation, si un séjour dans un terrain volcanique lui a donné cet aspect bleuâtre et grenu qui est le propre des monuments découverts aux environs du Vésuve.

L'huile siccative au contraire doit être immédiatement appliquée aux plombs, qu'elle empêche de se réduire en poussière.

Les vases qui portent une couverte métallique se nettoient convenablement à l'eau-seconde.

La surface des terres cuites offrant souvent des traces d'enduit et de peinture doit être respectée avec le plus grand scrupule.

Nous ne pouvons terminer ce qui concerne les monuments romains sans appeler l'attention sur les découvertes propres à éclaircir l'histoire des procédés que les anciens ont appliqués aux ouvrages d'art. Caylus a décrit les vestiges d'une fonderie antique[1], trouvés en 1737 au revers de la colline de Montmartre; Grivaud de La Vincelle a fait connaître l'existence de fours à potier découverts dans les jardins du palais du Luxembourg, et consacrés à la fabrication de vases gallo-romains[2]. Les débris d'ateliers monétaires, et les coins qu'on y rencontre parfois, les moules en terre cuite qui ont servi dans les camps à couler des deniers romains sous les règnes de Septime Sévère et de ses fils, ne doivent pas moins fixer l'attention; rien ne saurait être minutieux dans l'étude et la description des usines antiques.

[1] *Recueil d'antiquités,* tom. II, p. 390, et tom. III, p. 392-95.

[2] *Antiquités gauloises et romaines, recueillies dans les jardins du palais du sénat.* Paris, 1807. In-4° et atlas in-f°.

# CIVILISATION CHRÉTIENNE.

## MONUMENTS FIXES.

### PREMIÈRE PARTIE. — MONUMENTS RELIGIEUX.

#### STYLE LATIN.

PREMIÈRE PÉRIODE. — DEPUIS LES PREMIERS SIÈCLES DU CHRISTIANISME JUSQU'AU XI<sup>e</sup> SIÈCLE[1].

ÉPOQUE MÉROVINGIENNE.

Lorsque sur le sol des Gaules les Romains construisaient la plupart des monuments religieux, civils et militaires décrits dans les instructions précédentes, une religion nouvelle s'élevait à côté du paganisme qu'elle devait renverser un jour. Poursuivis de toutes parts au nom des empereurs et de leurs préfets, les premiers apôtres chrétiens ne purent songer à construire. Aussi les persécutions qui ensevelirent les premières cérémonies religieuses dans les catacombes de Rome et de l'Italie en général, produisirent-elles des effets analogues dans les Gaules; plus d'un évêque assembla les fidèles dans des réduits souterrains formés par la nature ou produits par une industrie antérieure.

Ces lieux obscurs et isolés ne purent offrir aux pompes religieuses une étendue qui leur permît de se développer; à peine

---

[1] Voir le Cours d'antiquités chrétiennes de M. de Caumont.

trouvait-on dans ces cryptes la place d'un autel et celle que devaient occuper quelques fidèles. Aucun style d'architecture ne décorait encore ces étroits sanctuaires; de faibles essais de peinture y retraçaient d'une manière barbare le Christ et sa mère, les images des apôtres et des premiers martyrs.

Il est peu de villes anciennes qui n'aient gardé le souvenir des persécutions, et qui ne renferment quelque saint lieu consacré par le sang des chrétiens. Lorsque ces souterrains présenteront seulement des excavations pratiquées dans la roche et n'auront aucune trace de maçonnerie, MM. les correspondants en relèveront le plan avec soin à la boussole, en indiquant les divers niveaux du terrain, en examinant si dans les niches ou refouillements des parois, des bancs étendus ou des siéges isolés n'ont pas été pratiqués dans le massif. Si quelques traces de sculpture ou de peinture, d'inscription et d'ornement, sont conservées sur les parties travaillées de la montagne, on les étudiera avec soin; on recherchera les issues bouchées par des blocs de pierre, qui pourraient conduire à quelque catacombe, ossuaire ou charnier, pratiqué dans un caveau contigu. On devra chercher sur le sol l'emplacement que pouvait occuper l'autel, soit qu'il ait été conservé dans la roche, soit qu'on l'ait placé après le travail d'excavation.

Si la crypte se développe au point de former plusieurs nefs, on indiquera sur le plan la direction de ces nefs, leur orientation, les chapelles qui s'y rattachent, les moyens employés pour leur donner de la lumière. On pourra trouver des traces du bassin destiné au baptême par immersion, et les rigoles pour y conduire les eaux et les détourner après la cérémonie. Les traditions populaires attachées à ces premiers monuments du christianisme doivent accompagner les dessins et les notes explicatives de l'état des lieux.

Si des travaux de maçonnerie se présentent dans ces voûtes souterraines, on y reconnaîtra la fabrication antique à la présence des briques alternées dans du moellon piqué avec soin et bien appareillé.

Lorsque la persécution présenta moins de rigueur, on osa construire quelques enceintes sacrées devant ces grottes converties en sanctuaires. Ces constructions, le plus souvent exécutées à la hâte, et sans les ressources de l'art de bâtir, présenteront plus d'une observation utile à consigner. On y pourra reconnaître plusieurs époques dans la maçonnerie, souvent refaite en partie, ou modifiée dans ses formes générales.

Les apôtres et les martyrs, soumis à la loi qui fit placer les cimetières hors des villes romaines, furent ensevelis d'abord loin de l'enceinte, dans le lieu des sépultures communes; un tombeau leur fut consacré; il devint un point de réunion pour les fidèles. Sur ces monuments ou *mémoires* s'élevaient des chapelles de peu d'étendue; la sépulture conservée sous l'autel y prit le nom de *martyrium* ou *confession*. C'est donc à quelque distance des anciennes enceintes de villes que MM. les correspondants doivent diriger leurs recherches pour trouver les fondations pieuses de l'église primitive. L'affluence du peuple fit bientôt augmenter la superficie des premiers édifices; auprès d'eux s'élevèrent des chapelles secondaires qui formèrent un ensemble où l'on doit reconnaître l'origine des basiliques, des abbayes et de leurs dépendances.

Du jour où Constantin permit au christianisme de sortir des catacombes, les temples s'élevèrent sur toute l'étendue de l'empire, une ère nouvelle s'ouvrit pour les arts, et l'architecture religieuse prit naissance. Mais l'antiquité exerça d'abord une grande influence sur les travaux des premiers chrétiens. Cet art se divisa bientôt en deux rameaux bien distincts : le premier; qu'on peut appeler style. *latin*, fut adopté par l'église latine, se développa grandement dans Rome, et se répandit dans le nord de l'Italie, dans les provinces illyriennes, l'Allemagne, les Gaules et l'Espagne, enfin dans tout l'empire d'Occident. Basé sur les principes sages de la construction antique, il fut adopté par les Goths, les Vandales, les Lombards, dans toutes les provinces soumises par ces peuples barbares. L'imitation presque servile des détails de l'architecture romaine caractérise cette première période. L'autre style primitif formé de même d'éléments romains, et transplanté à Constantinople, y prit sous le ciel de l'Orient une physionomie particulière, qui lui valut le nom d'architecture bysantine; introduit en France par des relations fréquentes avec Bysance, ce style, riche en inventions nouvelles, ne fut chez nous qu'une importation.

Après les dévastations dont la France fut le théâtre pendant les VIII⁰ et IX⁰ siècles, on dut songer à réparer les pertes causées par la guerre. Les basiliques latines étaient incendiées, mais on n'avait pas oublié leurs dispositions premières, consacrées par les usages et favorables aux cérémonies; on reproduisit donc le plan latin. Quant aux chapiteaux, aux entablements transmis par l'antiquité à l'architecture latine, ils avaient disparu pour la plupart; dans les provinces méridionales de nombreux monuments païens servirent encore de modèles, mais partout ailleurs il fallut créer ou s'inspirer de formes étrangères.

C'est alors que les chapiteaux cubiques créés en Orient, les moulures profondément dessinées à l'instar de celles des Grecs, les coupoles et les pendentifs inventés à Bysance vinrent se lier aux dispositions latines pour former un style mixte nommé architecture romane.

Affranchis des règles de l'antiquité, les artistes chrétiens se livrèrent alors à toutes les combinaisons de l'art de bâtir; ils élevèrent les voûtes des temples à une hauteur prodigieuse, inventèrent des nervures pour les rendre durables, des contreforts et des arcs-boutants pour les soutenir, et lorsque l'ogive, plus élancée que le plein-cintre, plus vigoureuse par la combinaison de ses claveaux, vint s'associer aux inventions antérieures, on vit naître un quatrième système nommé style ogival ou gothique, développement de tout ce qui l'avait précédé, dernière période de l'art chrétien.

Ces différentes phases de l'architecture seront développées dans les instructions suivantes jusqu'à l'époque de la renaissance, que caractérise le retour aux formes consacrées par l'antiquité.

## Iᵉʳ SYSTÈME.

## BASILIQUES LATINES.

### PLANS.

La forme des basiliques primitives fut longtemps variable, et ne devint fixe qu'après la stabilité de l'église. L'isolement, les influences locales, l'absence d'unité contribuèrent plus d'une fois à faire adopter des dispositions incommodes, étroites et peu convenables au but qu'on se proposait. L'église latine n'offrait point l'ensemble et la puissance qui la caractérisa plus tard, et les constructions religieuses étaient loin de présenter encore ces vastes conceptions auxquelles s'intéressait toute la chrétienté, et qu'élevaient des populations entières. Constantin lui-même avait donné l'exemple de cette irrégularité qui régna d'abord dans la disposition des églises; à Rome, à Constantinople, dans la Palestine, il avait consacré des temples dont le plan était indifféremment un cercle, un polygone ou un parallélogramme.

SAINT-MARCELLIN.

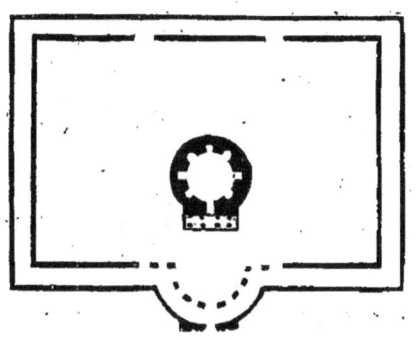

Quelquefois même ces formes se combinèrent entre elles, et plus d'une basilique primitive présenta une nef carrée précédant un sanctuaire complétement circulaire. Le temple élevé par Perpétuus sur le tombeau de saint Martin, auprès de Tours, fut, sur le sol des Gaules, le plus bel exemple de cette disposition curieuse, inspirée peut-être par un souvenir du Saint-Sépulcre.

SAINT-MARTIN DE TOURS.

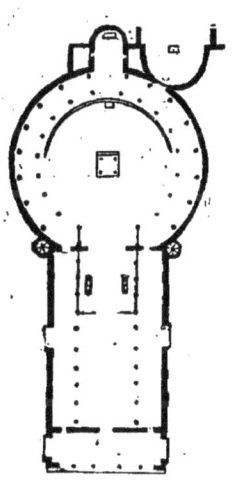

Enfin des absides demi-circulaires appuyées contre les murs des basiliques allongées, ou sur les pans coupés des temples en polygone, complétèrent les éléments des premiers plans chrétiens.

Mais lorsque les cérémonies furent établies sur des règles certaines, on sut bientôt reconnaître parmi ces formes variées celle qui convenait le mieux au nouveau culte, et, dans tout l'empire d'Occident, la plupart des églises s'élevèrent sur un parallélogramme.

Plus d'un précédent avait démontré l'avantage de cette disposition pour réunir une grande affluence de peuple : la basilique construite par Salomon, auprès de son temple, pour y rendre la justice; les synagogues où se réunissaient les Juifs, et qui avaient été le théâtre des premières conversions opérées par les apôtres en Orient; les basiliques grecques et romaines étaient des édifices disposés en parallélogramme, et divisés en plusieurs nefs par de longues rangées de colonnes : ils offraient tout ce qui pouvait convenir au culte, et furent imités par les Chrétiens.

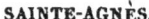

SAINTE-AGNÈS.

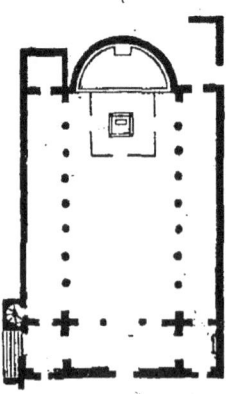

La circulation y était facile : au premier étage, des galeries ouvertes sur la nef principale étaient réservées aux femmes, selon l'usage oriental; une grande porte, nommée *basilica* royale, et deux portes secondaires, s'ouvraient sur la façade pour donner accès dans les nefs; à l'extrémité opposée, une abside demi-circulaire, imitée du tribunal des basiliques païennes, reçut le nom de tribune; les prêtres s'y plaçaient derrière l'autel, sur un banc en exèdre. À l'extrémité des nefs latérales, ou bas-côtés du temple, deux absides secondaires, fermées par des voiles, continrent les vases sacrés, les livres et les diplômes; ce fut l'origine des trésors et des bibliothèques.

DÔME DE PARENZO.

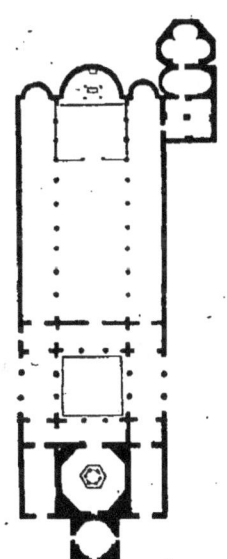

Déjà les basiliques ainsi conçues présentaient toutes les conditions nécessaires aux cérémonies; elles s'élevèrent de toute part avec ces formes simples; mais, dans plus d'une circonstance importante, on crut devoir y faire des modifications. Un mur construit devant le sanctuaire, et parallèlement au fond du temple, donna une nef transversale; ce fut l'origine des transsepts et de la forme en croix consacrée aux églises.

SAINT-PAUL.

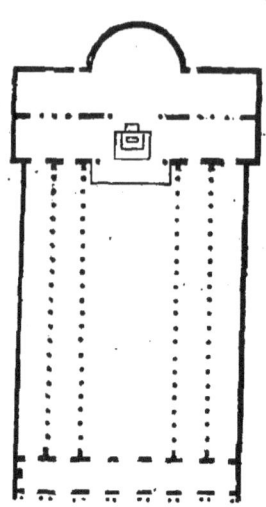

De grands arcs s'ouvrirent dans ce mur pour établir les communications entre toutes les parties du temple. Devant la façade de la basilique de nombreuses colonnes supportèrent un toit pour former un porche destiné à recevoir la foule avant et après la cérémonie; les pénitents et les pécheurs y attendaient leur admission dans le temple.

Antérieurement au porche, une enceinte carrée, souvent entourée de portiques, formait un parvis qui devint le cimetière de la paroisse; des portes décorées de colonnes, et closes pendant le jour par des voiles, protégeaient ces lieux de recueillement contre les importunités de la rue.

Les églises circulaires étaient composées d'un mur épais, formant l'enceinte générale, et, à l'intérieur, d'un ou plusieurs rangs de colonnes, disposés en cercles concentriques; les architraves ou les cintres s'appuyaient sur ce mur; il résultait de cette forme une circulation facile autour du sanctuaire, qui, dans ce cas, environnait l'autel ou le tombeau du saint martyr, placé au centre de l'édifice.

A l'extérieur un portique rectangulaire précédait la porte pratiquée dans le mur d'enceinte ; des chapelles s'appuyaient sur plusieurs points du périmètre.

SAINT-ÉTIENNE LE ROND.

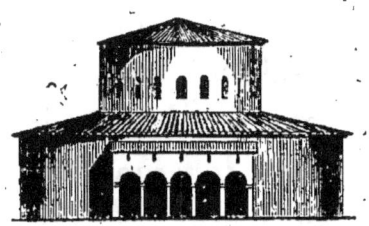

Il est difficile que des basiliques primitives aient entièrement survécu aux nombreuses guerres et aux dévastations qui désolèrent la France dans les premiers siècles de la monarchie ; cependant on peut espérer d'en rencontrer quelques fragments isolés, ou joints à des constructions moins anciennes ; et plus d'une église, reconstruite après le v111e ou le 1xe siècle, a pu conserver au moins la distribution générale du plan : l'Allemagne en possède des exemples. L'attention de MM. les correspondants doit donc se porter sur ces investigations curieuses pour l'histoire de l'art chrétien en France. Les églises d'une petite étendue, les chapelles isolées et composées d'une seule nef, présentèrent plus de chance de conservation que ces grands édifices dont la richesse causa souvent la ruine. Plusieurs petits temples chrétiens, que l'on peut attribuer aux premiers siècles, sont connus sur divers points de la France ; MM. les correspondants pourront en faire connaître de nouveaux : la simplicité de leur plan, la nature de leur construction, qui sera indiquée plus loin, seront des moyens d'en assigner l'âge.

En prenant pour guides les légendes et les traditions populaires, MM. les correspondants doivent observer les lieux où sont érigées les chapelles et les églises. On fera connaître si elles occupent le sommet des montagnes, le voisinage des récifs ou des ports de sauvetage, le bord des routes, les plaines ou le fond des vallées; consacrées aux archanges, elles sont placées ordinairement sur des lieux élevés. Enfin, après avoir examiné la forme et l'emplacement des temples chrétiens, une dernière étude, et ce n'est pas la moins importante, doit déterminer l'orientation de l'édifice. On sait que toutes les églises du moyen âge, lorsque le local n'y apporta point d'obstacles, furent construites de telle sorte, que l'abside était à l'orient, et les portes à l'occident.

Aux premiers siècles du christianisme il n'en était pas de même, soit que la règle ne fût pas établie, soit encore qu'on ait voulu conserver la tradition du tabernacle de Moïse et du temple de Salomon, qu'on ne doit pas perdre de vue lorsqu'on étudie les monuments du christianisme. A Rome, la plupart des basiliques construites par Constantin, et conservées en totalité ou en partie, ont leurs portes à l'est et l'abside au couchant. On peut trouver encore une raison de cet arrangement, contraire à celui du moyen âge, dans la manière dont les autels primitifs, dits *à la romaine,* étaient disposés; le prêtre, placé derrière pour officier, regardait en même temps et l'orient et le peuple.

### FAÇADES LATINES.

Le système de construction usité dans les églises primitives des Gaules fut certainement, comme à Rome, une reproduction de celui des derniers siècles de l'empire. Des briques d'une forme et d'une fabrication semblables à celles des Romains, trouvées à plusieurs époques dans les constructions de l'église royale de Saint-Denis et de Sainte-Geneviève de Paris, fondées au v° siècle; quelques édifices, tels que Saint-Jean de Poitiers, les Basse-Œuvres à Beauvais, etc., démontrent suffisamment que, dans la première période chrétienne, les traditions antiques servirent de guides aux constructeurs. MM. les correspondants étudieront dans tous leurs détails les fragments de construction religieuse qui pourraient présenter quelque analogie avec les appareils romains indiqués dans les instructions précédentes.

Avec ces éléments, les chrétiens élevèrent les façades de leurs premières basiliques, d'abord très-simples, et qui devaient bientôt s'enrichir de mosaïques dorées, des marbres les plus précieux et de nombreuses sculptures. Comme il a été dit plus haut à l'égard des plans, nous ne pouvons espérer que des basiliques complètes existent encore en France, mais on en pourra trouver quelques parties sauvées du ravage des siècles; pour les décrire nous prendrons pour guides celles que l'Italie a eu le bonheur de conserver jusqu'à nos jours. Un fronton peu incliné indiquant la forme du comble occupe le sommet des façades latines, au-dessous est une face lisse et carrée, percée de plusieurs fenêtres qui éclairent la nef.

SAINTE-AGNÈS.

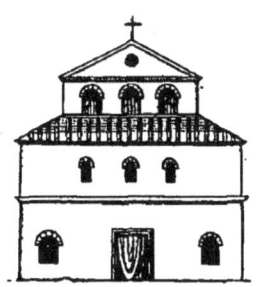

La partie inférieure de la façade, percée de trois portes, forme avec le haut un seul plan vertical, et souvent soutient un porche composé d'un grand toit saillant que supportent des colonnes.

## FRONTON.

Les pentes du fronton ou pignon supérieur sont encadrées par des moulures saillantes, peu compliquées, qui donnent à cette partie du temple l'aspect de ceux des Grecs et des Romains; ces moulures sont taillées sur l'arête de tablettes de marbre ou de pierre posées sur le sommet du mur antérieur de la façade, et suivant l'inclinaison du toit; une ligne de moulures horizontales forme un triangle avec ces deux pentes. Des modillons simples ou sculptés, et imités de l'antique, supportent la saillie de ces moulures, et donnent au couronnement l'aspect d'une corniche complète.

Au centre du triangle formé par le fronton, une ouverture circulaire, nommée *oculus* (œil), donne de l'air à la charpente du comble; cette ouverture, quelquefois close, est seulement figurée alors par un cercle renfoncé. C'est là que se firent les premiers essais de mosaïque extérieure; on y représenta le Christ en buste ou assis sur un trône; cette figure était une reproduction des *imagines clypeatæ*, que les Romains plaçaient dans le fronton de leurs temples.

Quelquefois le fronton manque aux façades latines; il est remplacé dans ce cas par une croupe en charpente, qui s'incline vers la nef, et fuit jusqu'au faîtage du comble dont elle est couverte.

FACE.

Au-dessous du fronton est une partie plane, ordinairement carrée, qui représente à l'extérieur le sommet de la grande nef : on la nomme face. Elle est décorée de trois fenêtres cintrées, et quelquefois de cinq. Rarement on voit paraître dans cette partie de la façade latine l'ouverture circulaire qui, dans les siècles postérieurs, n'abandonne plus cette place.

SAINT-LAURENT.

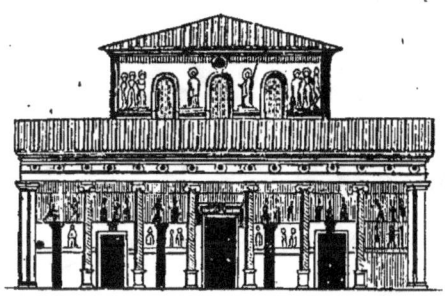

C'est autour de ces baies, quelle que soit leur forme, que se développe tout le luxe de la décoration en mosaïque. Nous savons, par les auteurs chrétiens, que, dès les premiers siècles de l'église, on représenta sur les façades des basiliques le Christ et sa mère, les douze apôtres, les évangélistes et leurs attributs, des sujets de l'histoire sainte, et souvent la représentation des miracles qui avaient donné lieu à la fondation des temples. Les *atria*, les chapelles isolées, les portes de monastères furent ainsi décorés de peintures en mosaïque. Rome et les grandes villes de l'Occident formaient ainsi de vastes musées dans lesquels les fidèles avaient toujours sous les yeux les principes fondamentaux du culte; pensée grandement développée dans le moyen âge, lorsque la sculpture vint multiplier à l'infini les images sacrées.

Lorsque la basilique est dépourvue du porche, la façade s'étend à gauche et à droite par deux murs, dont le sommet suit une pente que détermine la couverture des nefs latérales. C'est dans ces deux parties secondaires que s'ouvrent la porte du nord et la porte du midi; au milieu est la porte royale qui donne entrée à la grande nef. Si l'édifice est très-étendu, ces deux murs accessoires de la façade se développent suffisamment pour clore les doubles nefs latérales. C'est ainsi que sont disposées les anciennes églises de Saint-Paul hors les Murs et de Saint-Pierre au Vatican, à Rome.

### PORCHE ET ATRIUM.

Le porche des églises latines est un espace couvert par une charpente, le plus souvent apparente et appuyée sur la façade de l'édifice. Il se compose d'une rangée de colonnes, ordinairement en marbre, établies parallèlement au mur de face, à une distance plus ou moins grande, déterminée par l'étendue et le service du temple. Les bases de ces colonnes sont imitées de l'antique, les fûts sont unis, cannelés verticalement ou en spirales très-serrées. Ces colonnes sont couronnées de chapiteaux ioniques ou corinthiens, quelquefois exécutés avec art par les chrétiens, et offrant plus souvent les premières modifications qu'ils apportèrent aux formes antiques, et qui devaient les mettre sur la voie de création qu'ils n'ont cessé de suivre jusqu'à la renaissance.

Les chapiteaux sont liés deux à deux par des architraves en pierre ou en marbre, sculptées ou ornées de moulures; elles entourent le portique sur les trois faces libres, et forment le premier membre d'un entablement composé de trois assises superposées : l'architrave, la frise et la corniche.

ENTABLEMENT.

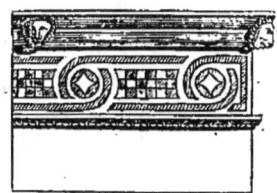

La frise, partie intermédiaire, est décorée de sculpture ou d'une mosaïque en marbre de couleurs, en porphyre rouge et vert, et autres matières précieuses, dont l'assemblage était nommé *opus Alexandrinum*.

La corniche, divisée par des moulures, larmiers et modillons, rappelle les riches compositions romaines; la seule différence qu'elle présente avec l'antiquité consiste dans les mauvaises proportions de ces moulures, et dans l'exécution peu soignée de leurs détails. Les feuillages aigus et mal dessinés, l'abus du trépan pour produire des refouillements profonds et des effets d'ombre, le vague qui règne dans la sculpture des parties saillantes et peu modelées, tels sont les principaux caractères de ces premiers travaux des chrétiens.

Le porche est surmonté à l'intérieur d'une charpente composée d'un entrait, appuyé d'une part sur l'architrave qui lie les colonnes, et de l'autre dans le mur de face de la basilique. Des arbalétriers, des pannes et de nombreux chevrons portent une couverture en tuiles. Le fond du porche est décoré de peintures; au-dessus des portes se placèrent les premières mosaïques destinées à décorer les portiques; elles représentaient les apôtres auxquels étaient dédiés les édifices.

Les trois portes de la basilique s'ouvrent sous le porche;

elles sont établies d'après le système d'architraves consacré par l'antiquité, et qui caractérise l'architecture des premiers chrétiens. Des chambranles les encadrent dans trois pièces de marbre d'une grande dimension; la moins longue forme un linteau supporté par les deux autres. Elles sont souvent décorées de sculpture d'ornement, l'*opus Alexandrinum* enrichit quelquefois ces chambranles.

PORTE LATINE.

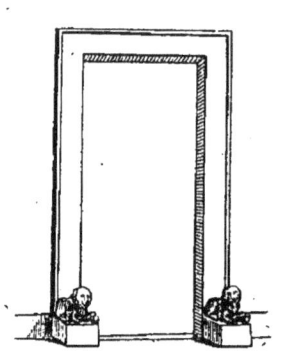

En avant de la porte principale on voit fréquemment deux lions en marbre, entre lesquels on rendait la justice *inter leones*. Les premiers chrétiens, peu habiles dans la sculpture, ont souvent incrusté dans les murs de la façade, auprès des portes, des fragments de sarcophages romains; les têtes de lions qui s'y trouvent figurées tiennent lieu de celles qu'ils ne pouvaient exécuter eux-mêmes.

Sous le porche, auprès de la porte principale, étaient placées deux fontaines ou bassins destinés aux purifications; introduits plus tard dans le temple, ils reçurent l'eau bénite.

L'*atrium*, situé devant le porche, est, comme on l'a vu plus haut dans la description du plan des basiliques, un vaste emplacement carré, ceint par des murailles élevées ou par des portiques. La décoration de ces galeries couvertes qui font le tour de l'*atrium* ou parvis est la même que celle du porche avec lequel elles sont liées. Les entre-colonnements et le système d'architrave sont les mêmes, seulement on trouve moins de richesse dans les frises et dans les détails d'architecture.

La porte de l'*atrium* est ouverte dans l'axe de la basilique ; elle est richement décorée par un chambranle en marbre couvert d'ornements. Deux colonnes supportent un toit ou une voûte devant cette porte, et forment un porche auquel était suspendu un long voile pendant jusqu'à terre.

PORCHE.

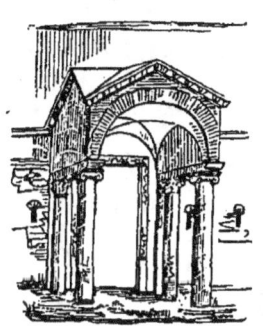

Dans les basiliques privées d'*atrium*, chaque entre-colonnement du grand porche était fermé de même par de longs voiles, qui protégeaient les pénitents contre les importunités de la rue.

FACE LATÉRALE.

Les faces latérales des basiliques latines ne présentent rien de bien remarquable, si ce n'est l'appareil de la construction qui s'y développe sur une grande superficie. On y peut étudier aussi la disposition des toits des nefs latérales, et leur

arrangement avec les transsepts, si la basilique est disposée
en croix.

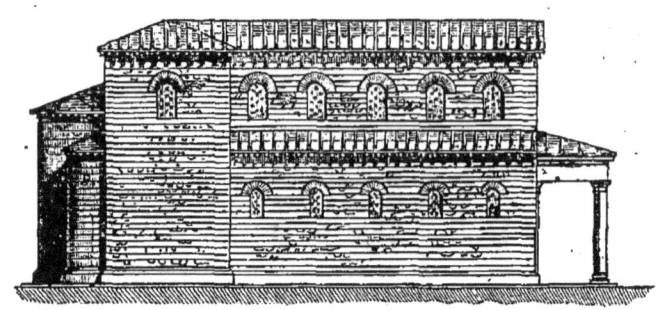

Au-dessous de ces toits se développe une longue série de
fenêtres qui éclairent la nef principale; elles sont ordinairement
cintrées. Là, plus que partout ailleurs, on peut étudier leur
forme et leur construction. On y voit facilement si les cintres
sont exécutés avec des claveaux en pierre de taille, avec des
moellons et des briques alternées, enfin avec des briques seules,
sans mélange de matériaux étrangers.

Dans les contrées méridionales, ces fenêtres étaient closes
avec des tablettes de marbre, percées de trous circulaires ou en
losanges, assez rapprochés pour former un treillis solide. Des
morceaux de verre ou d'albâtre étaient fixés à ces ouvertures.

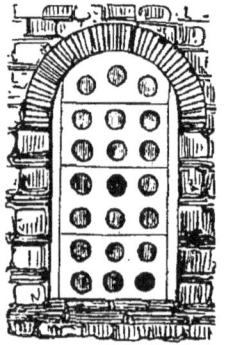 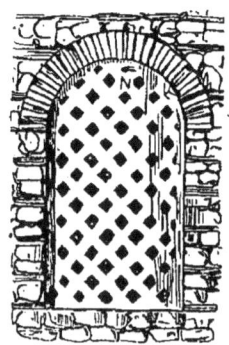

### FAÇADE POSTÉRIEURE.

La façade postérieure des basiliques latines présente une ou plusieurs absides en tour ronde. Celle du milieu, la plus grande, est souvent couronnée d'une corniche en marbre, supportée par des modillons imités de l'antique. Il est rare de voir des fenêtres percées dans les absides des églises primitives. La construction y est apparente et la même que sur les faces latérales de l'édifice.

### ABSIDES LATINES.

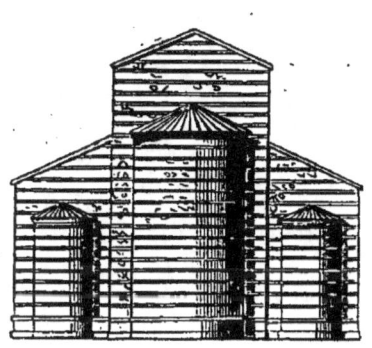

Les absides sont appuyées contre le mur qui occupe le fond du temple. Si l'église est sans transsept, le mur présente le même profil que celui qui forme la façade principale; dans le cas contraire, son sommet est horizontal dans toute l'étendue de la face postérieure, et n'offre aucune pente ou inclinaison.

Les toits qui couvrent les absides sont en tuiles, et forment de demi-cônes, appuyés contre le mur oriental. Ces toits sont posés sur l'extrados des voûtes d'absides; on y trouve rarement du bois de charpente.

Les tuiles ont souvent conservé la forme romaine; elles

peuvent être remplacées par des dalles en pierre ou de métal.

Les grands combles des basiliques latines sont toujours composés de fermes en charpente ou assemblages triangulaires dont les éléments sont : un entrait ou pièce horizontale, deux arbalétriers donnant l'inclinaison au toit, une pièce verticale nommée poinçon, divisant en deux parties égales le triangle ou ferme, et destinée à soutenir l'entrait par le milieu. Les fermes sont réunies entre elles par le faîtage et les pannes qui doivent supporter les chevrons.

CHARPENTE.

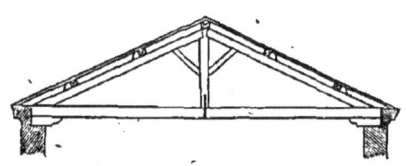

INTÉRIEUR DES BASILIQUES.

Les basiliques primitives se divisent à l'intérieur en nefs d'inégale largeur, séparées par deux ou quatre rangées de colonnes, qui, du mur, de face, s'étendent jusqu'au fond du monument. Le style d'architecture qui préside à la décoration intérieure est, comme on l'a vu pour les parties déjà décrites, une imitation de celui que les Romains avaient consacré depuis plusieurs siècles à leurs édifices, puisque les temples païens fournirent aux fidèles les riches colonnes, les sculptures variées, les chapiteaux de diverses formes qui décorèrent les premières églises. De nombreux pilastres et des compartiments de marbre et de porphyre enrichissent les parois intérieures de l'abside et des nefs latérales; des entablements en marbre relient entre eux les chapiteaux des colonnes; plus fréquemnent les colonnes s'unissent par des arcs en plein-cintre, ouverts dans les murs qui divisent les nefs.

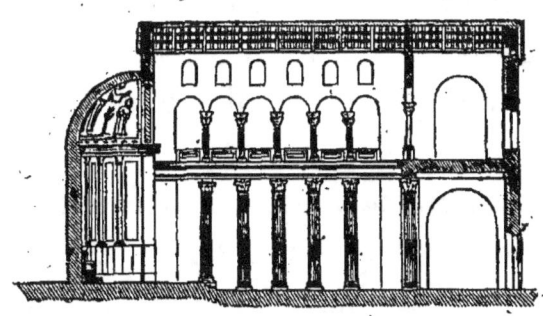

Quelques exemples très-rares présentent une galerie ménagée au premier étage, au-dessus des bas-côtés; elle s'ouvre, sur la grande nef, par un double rang de colonnes portant des arcs. Cet étage était destiné aux femmes, qui ne pouvaient y parvenir que par des portes extérieures. Au-dessus de ces arcs sont pratiquées des fenêtres cintrées, closes par des tables de marbre transparent, d'albâtre, ou simplement de pierres opaques, dans lesquelles de nombreuses ouvertures, rondes ou carrées, donnent accès à la lumière.

Des mosaïques, exécutées sur fond d'or, à la manière orientale, décorent la voûte des absides;

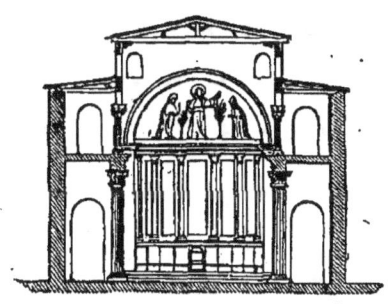

ces riches peintures s'étendent sur toutes les parois intérieures des basiliques, pour y représenter les principaux faits de l'histoire sacrée.

Des plafonds en bois, enrichis de peintures et de dorures, et plus fréquemment encore, des charpentes apparentes et sculptées surmontent les nefs des basiliques.

Le pavé, formé d'abord de grands compartiments en marbre, fut remplacé par des mosaïques plus fines, composées de porphyre rouge et vert, de marbre blanc et d'émail. Ce travail, qui est l'*opus Alexandrinum,* a laissé des traces dans les provinces méridionales et dans l'est de la France. Les combinaisons de dessin, les ciments qui relient entre eux les compartiments de ces pavés, les bétons établis sur le sol pour préserver les édifices de l'humidité de la terre, peuvent offrir, par une étude spéciale, des résultats utiles dans l'application.

On aura soin de recueillir, auprès des anciens édifices chrétiens, les marbres qui auraient pu servir à la décoration intérieure, et plus encore ceux qui, percés de trous symétriquement placés, seraient des débris de clôtures de fenêtre, imitées des croisillons antiques.

### BAPTISTÉRES.

Devant les basiliques primitives, extérieurement à l'*atrium,* et quelquefois aussi dans son enceinte, s'élevait un petit édifice indifféremment carré, circulaire, hexagone, octogone, ou en forme de croix grecque : il était destiné aux cérémonies du baptême.

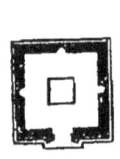 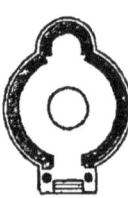 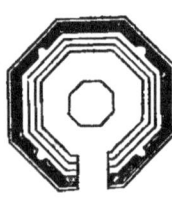 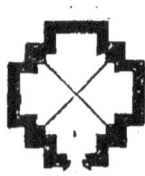

Au centre, un bassin profond prenait, le plus souvent, la

forme de l'édifice. Sous l'invocation de saint Jean-Baptiste, on y recevait, de la main de l'évêque, le baptême par immersion. Les catéchumènes étaient plongés dans la cuve, qui se remplissait par une rigole souterraine, et se vidait par le même moyen. Le bassin était souvent environné d'une galerie de colonnes destinées à porter le plafond; une ouverture éclairait l'édifice par le haut; les bancs des catéchumènes se plaçaient autour à l'intérieur. Vis-à-vis la porte d'entrée, placée en regard de celle de la basilique, l'image de saint Jean présidait à la cérémonie. Les baptistères, peu commodes en raison de leur distance du temple et de la position qu'ils occupaient relativement à l'axe de l'*atrium*, furent quelquefois rattachés à l'ensemble de l'édifice par des portiques. On les établit encore sur la face latérale des basiliques, pour éviter les inconvénients qu'ils présentaient devant l'entrée principale.

Plus tard la fontaine du baptême fut introduite sous le porche, qui prit le nom de catéchumène; puis dans l'enceinte même de la basilique, où elle occupa une chapelle particulière dans les nefs latérales. Ces diverses positions des fonts de baptême doivent être un sujet d'étude pour MM. les correspondants.

Les formes variées auxquelles fut soumis le bassin destiné à la cérémonie n'offriront pas moins d'intérêt que les diverses places qu'il occupa au dehors ou au dedans de l'enceinte des édifices sacrés. A l'origine du christianisme, on fit usage de cuves en granit ou en marbre, qui, dans l'antiquité, décorèrent les bains publics; mais, loin des grandes villes, on dut y suppléer par une construction facile. Des tablettes de pierre, bien jointes, furent disposées en polygone ou en carré; dressées autour d'une aire en béton qui devint le fond de la cuve, elles formèrent un bassin assez grand pour contenir plusieurs personnes à la fois. Des marches disposées autour permirent d'entrer plus facilement dans l'eau.

FONTS BAPTISMAUX.

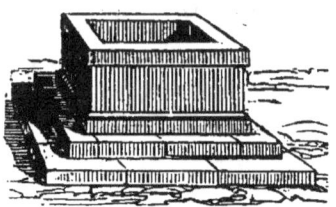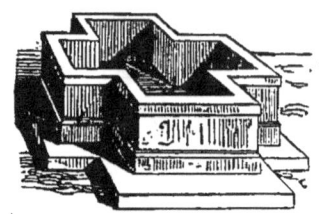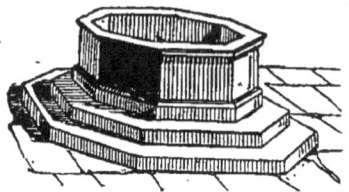

La sculpture d'ornement et les incrustements en marbre couvrirent les faces extérieures du bassin. Souvent sur ces pierres debout de petites colonnes furent placées aux angles, pour fixer une clôture.

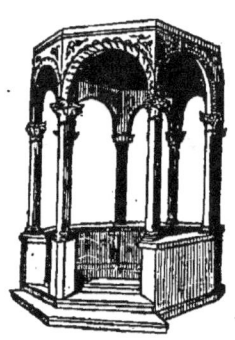

Lorsqu'on abandonna l'usage de plonger les catéchumènes dans le bassin, il se ferma par un couvercle mobile qui permettait, au moyen d'une ouverture étroite, de puiser avec un vase l'eau du sacrement; cette mutation dans le rit conduisit à resserrer la cuve, et à la réduire au point où nous la voyons de nos jours.

L'architecture des baptistères, en harmonie avec la décoration des basiliques, fut soumise aux mêmes conditions. Dans les grandes villes où les édifices païens présentaient de riches matériaux, ces monuments furent décorés avec leurs dépouilles : les colonnes en marbre, les portes de bronze, les pavés en porphyre s'allièrent aux mosaïques et à la peinture ; dans les villes secondaires, les murailles nues furent élevées jusqu'à une hauteur suffisante, sans autre décoration que les fenêtres qui éclairaient l'édifice ; une simple charpente couvrit ces baptistères isolés. Dans le moyen âge on leur appliqua les perfectionnements apportés dans l'art ; ils furent soumis à tous les styles d'architecture qui se succédèrent en Europe.

### AUTELS ET CIBOIRES.

L'autel des basiliques latines est ordinairement un tombeau en marbre, en granit ou en porphyre ; la forme est celle d'une cuve ou d'un sarcophage carré. Enlevés aux édifices païens, ces monuments, qui renferment les reliques des saints martyrs, sont souvent décorés de sculptures chrétiennes, exécutées dans le style antique, et ajoutées après coup. Sur la table sont gravés les attributs du christianisme : l'alpha et l'oméga, le labarum, la palme, etc.

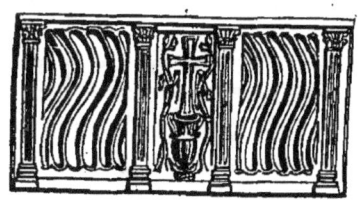

Au-dessous de l'autel est pratiquée une petite case voûtée, ouverte dans le sens de la nef ; c'est le *martyrium* ou confession, destiné à contenir les reliques des martyrs. Ce lieu est décoré avec beaucoup de luxe, et prend quelquefois un développement tel, qu'on y descend par un grand nombre de marches, disposées en avant ou sur les côtés de l'autel ; il devient

alors une crypte, destinée à rappeler les souterrains des catacombes. Le moyen âge donna au *martyrium* assez d'étendue
pour en faire une église souterraine, presque aussi vaste que
celle qui s'élevait au-dessus du sol.

Les cryptes primitives se présentent sous des dimensions
restreintes. Elles peuvent être voûtées ou simplement formées
de grandes tables de pierre ou de marbre, dressées et superposées de manière à rappeler les plafonds des carrières qui servirent de sépulture aux premiers martyrs.

CIBORIUM.

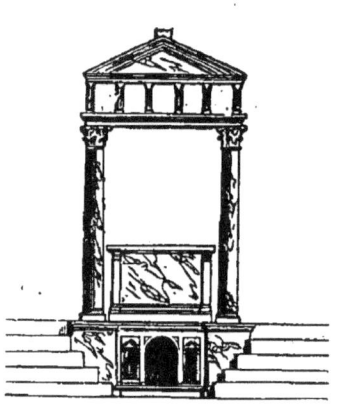

Aux quatre angles de l'autel principal, ou maître autel,
s'élèvent des colonnes précieuses, surmontées de chapiteaux,
et d'un entablement en marbre formant un dais au-dessus de
la sainte table; cette décoration est le *ciborium*. On y prodi-
gua, dans les premiers siècles du christianisme, tout le luxe
des métaux et des pierreries; les plus anciens, décrits par les
auteurs, étaient surmontés d'un fronton; on sait qu'il en existait aussi de couronnés par quatre petits arcs, un sur chaque
face de l'autel.

Les basiliques latines présentent, en avant du sanctuaire,
un espace carré, entouré d'une clôture en marbre, riche-

ment ornée de mosaïque et de sculpture; cette enceinte forme le chœur. Des bancs en marbre y sont consacrés aux clercs; un riche pavé décore le sol. Les ambons destinés à la lecture de l'épître et de l'évangile s'élèvent sur les faces latérales de la clôture. Construits en marbre ou en pierre, ces ambons présentent d'un côté un pupitre élevé, que supportent de petites colonnes, et auquel on arrive par plusieurs degrés; de l'autre côté est une chaire à laquelle on monte par deux escaliers. Auprès de cette chaire, sur un des pilastres qui la décorent, s'élève une colonnette enrichie de mosaïques: elle est destinée à porter le cierge pascal.

AMBON.

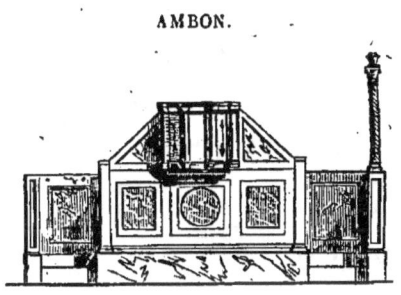

## DEUXIÈME SYSTÈME D'ARCHITECTURE CHRÉTIENNE.

### STYLE BYZANTIN.

Au commencement des instructions relatives à l'architecture chrétienne il est dit que toutes les églises ne furent pas construites sur un plan allongé, divisé en galeries parallèles; en Orient, plus particulièrement, on adopta la forme carrée, circulaire ou en polygone; les nombreux exemples mentionnés par Eusèbe et d'autres auteurs, ses contemporains, nous démontrent qu'à Constantinople, à Antioche, à Jérusalem et dans d'autres contrées, ces dispositions furent presque les seules en usage : les temples étaient tous surmontés d'une voûte en coupole, ce qui les distinguait encore des édifices latins, généralement couverts en charpente, lors même que leur forme était circulaire.

C'est avec ces éléments orientaux qu'Isidore de Milet et Anthemius de Tralles, chargés par Justinien de construire l'église de Sainte-Sophie de Constantinople, disposèrent ce temple qu'on peut considérer comme la base d'un système d'architecture chrétienne nommée byzantine, qui se répandit dans toute l'étendue de l'empire oriental, pénétra en Italie, en Allemagne et en France. Quelques exemples de cette importation sont conservés sur notre sol; il est nécessaire de faire connaître ce système à MM. les correspondants, pour qu'ils puissent, non-seulement étudier les monuments qui ont été déjà signalés, mais afin que, dans les lieux non explorés, ils reconnaissent ceux qui auraient échappé aux investigations.

### PLAN BYZANTIN.

Le plan de Sainte-Sophie est carré. Deux porches étroits et très-allongés occupent, l'un devant l'autre, toute la face de l'édifice. La grande nef principale forme une croix grecque en se liant à deux parties latérales, carrées elles-mêmes, et qui en sont séparées par des colonnes; quatre salles irrégulières occupent les angles du plan; d'énormes piliers, destinés à supporter les coupoles, forment les angles rentrants de la croix; de nombreux escaliers, voisins de ces piliers et dont l'accès est extérieur, permettent d'arriver à la galerie du premier étage, consacrée aux femmes. Une large abside occupe le fond de la nef principale pour former le sanctuaire; des portiques et des cours sacrées entourent l'édifice.

SAINTE-SOPHIE.

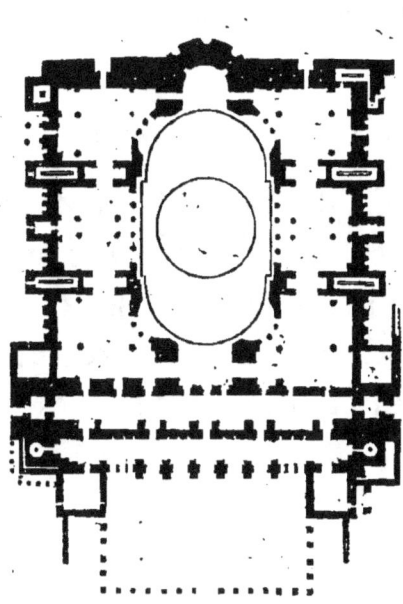

Ce plan, qui servit de base au système byzantin, fut imité dans des proportions plus ou moins grandes, avec des modifications en rapport avec les ressources des villes qui élevaient des basiliques. C'est aussi sous cette forme qu'il fut reproduit en France.

ÉGLISES D'ATHÈNES.

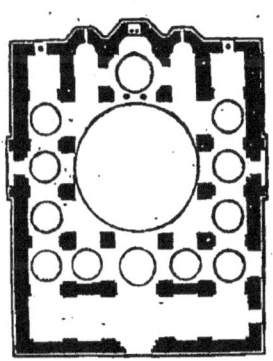 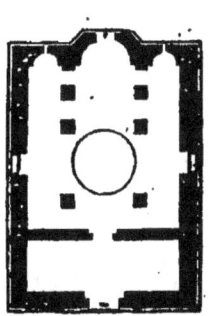

MM. les correspondants devront examiner si l'édifice chrétien qu'ils étudieront présente quelques-uns de ces éléments
byzantins :

1° Si le plan est une croix grecque, c'est-à-dire à quatre
branches égales;

2° Si cette croix est comprise ou non dans un carré;

3° Si de gros piliers, destinés à porter les coupoles, séparent
les nefs de l'édifice, et dans le cas où le monument serait en
ruine et n'aurait conservé pour ainsi dire que son plan, on
examinera si des escaliers peuvent faire supposer un premier
étage, ou des facilités pour arriver sur les voûtes ou terrasses
supérieures.

Le porche qui précède le temple, les enceintes sacrées qui
l'entourent seront étudiés comme dans le style latin; le plan
en sera levé à la boussole et dessiné avec soin.

### FAÇADE.

La construction byzantine offre des caractères particuliers
dont la description doit précéder celle des façades. Les briques
placées en lignes horizontales, et déjà reconnues dans les murailles des premiers âges chrétiens, se reproduisent dans celles
qui sont d'origine orientale, et de plus on y trouve l'emploi
fréquent de lignes verticales en brique, de sorte que les pierres
ou moellons bien appareillés sont encadrés pour la plupart
dans de la terre cuite. La décoration se développe plus encore
par les combinaisons que peuvent former des tuiles rondes ou

légèrement courbées, des angles en forme de gamma, et d'autres figures de ce genre.

CONSTRUCTION BYZANTINE.

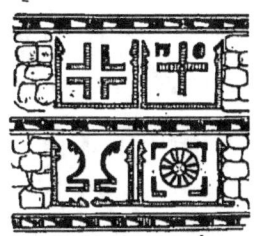

Après ce caractère non équivoque les façades en offriront d'autres aussi importants à signaler à MM. les correspondants. Généralement aucune pente ne les surmonte de manière à indiquer l'inclinaison d'un toit : le sommet offre donc une ligne horizontale.

Une coupole centrale surmonte la façade ; si le temple est vaste, des coupoles plus basses occupent tous les angles à la rencontre des galeries intérieures que forment le porche et les nefs latérales de l'édifice. Les grandes coupoles, portées par un tambour cylindrique ou placées simplement sur les terrasses qui surmontent l'édifice, sont percées de nombreuses ouvertures cintrées, ou petites fenêtres destinées à donner du jour à la voûte sphérique et à l'édifice.

FAÇADE BYZANTINE.

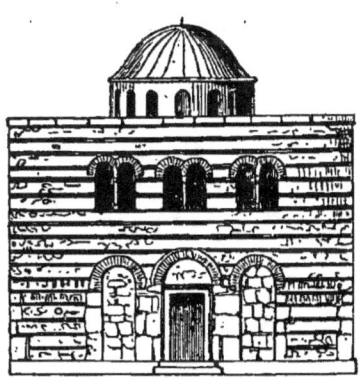

Les tuiles sont plates comme celles des Romains, et liées par des imbrices; elles peuvent être creuses, comme celles qu'on fabrique aujourd'hui dans le midi de la France; plus souvent des lames de plomb couvrent les coupoles.

Une suite de fenêtres ou de petites arcades indique à l'extérieur la galerie qui est ménagée au premier étage dans la plupart des temples byzantins. Cette disposition a été copiée dans l'architecture romane et dans le style ogival. Les arcs cintrés des fenêtres sont formés de briques seules ou alternées avec du moellon.

Les portes sont généralement encadrées par trois morceaux de marbre ou de pierre faisant un chambranle; un arc en plein cintre les surmonte pour former une décharge au-dessus du linteau.

Les moulures qui accompagnent les portes byzantines ont une physionomie spéciale et différente de celles des Latins: saillantes et arrondies, elles sont séparées par des lignes profondément refouillées. Ces profils très-accentués servirent de base au système d'encadrements épais et riches qui se multiplièrent dans l'architecture romane, et prirent un si beau caractère sous l'influence du système ogival, dit gothique.

MOULURES.

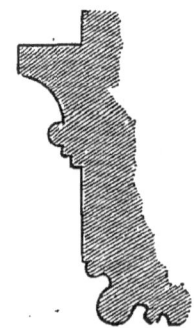

Les façades latérales des églises byzantines offrent une

grande analogie avec celles de l'Occident : on y reconnaît quelquefois un pignon indiquant les croisées ou transsepts.

TRANSSEPTS.

Une ouverture occupe le milieu de ce pignon; elle est simple et cintrée, quelquefois géminée, c'est-à-dire divisée au milieu par une colonnette ou un pilastre. Dans ce cas, il y a deux cintres au lieu d'un; la retombée commune est le chapiteau de la colonnette.

La façade postérieure, horizontale au sommet, est décorée d'une ou de trois absides qui sont en tours rondes ou à pans coupés; un ou plusieurs étages de niches les décorent; elles occupent la place des fenêtres, qui dans le style roman s'ouvrirent autour du sanctuaire.

ABSIDE.

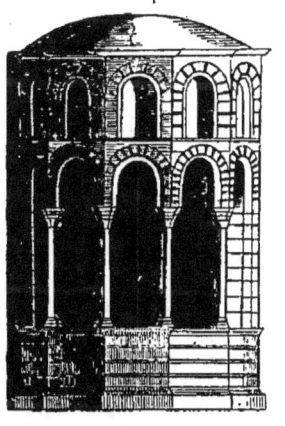

Ces niches, semi-circulaires et couronnées par une demi-coupole, sont ornées de compartiments en briques mêlées à la construction. Quelques absides byzantines sont percées de trois fenêtres simples ou géminées; si leur plan est en polygone, les fenêtres peuvent être portées par de petites colonnes placées sur chacun des angles saillants. En général les formes des édifices sont cubiques; les coupoles et les absides rompent seules la simplicité des formes.

### PORCHE OU NARTHEX.

Le porche des basiliques byzantines est toujours voûté à l'intérieur, et quelquefois surmonté de coupoles. Le bois ne paraît jamais dans cette architecture, différente en cela de celle qui a été décrite précédemment. Développé sur un plan étroit et très-allongé, le porche, qui est décoré de peintures ou de mosaïques, occupe toute la largeur de l'édifice; il donne accès au temple par une ou plusieurs portes semblables à celles qui ornent la façade extérieure. Les cintres, qui surmontent ces portes pour décharger le chambranle du poids de la construction placée au-dessus, sont quelquefois en fer à cheval au lieu de présenter seulement un demi-cercle.

On a, dans certains cas, facilité la circulation de l'air entre le porche et les nefs par des fenêtres dont l'appui est une grande tablette de marbre décorée de sculpture.

### FENÊTRE.

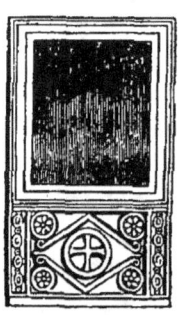

NEF.

Une ou plusieurs coupoles surmontent les nefs et forment la couverture ; elles se distribuent ordinairement comme il suit :

COUPE.

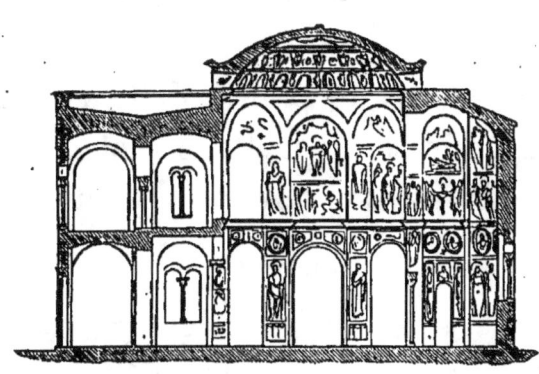

1° Coupole principale au centre de la croix ; elle est indispensable au style byzantin ;

2° Coupoles sur les deux transsepts : elles sont ordinairement moins élevées que celle du milieu ;

3° Coupole sur la partie antérieure de la nef principale ;

4° Coupole sur le sanctuaire. L'édifice peut être dépourvu de quelques-unes de ces voûtes sphériques, qui sont remplacées alors par des voûtes d'arêtes.

Dans les bas-côtés du temple, les quatre angles du plan sont les points où les voûtes sphériques sont le plus communément placées ; enfin, comme dernier développement de ce caractère byzantin, on peut en rencontrer à toutes les travées.

Les coupoles sont décorées de peintures ou de mosaïques ; elles s'éclairent par un grand nombre de petites fenêtres qui forment une galerie lumineuse à la base des voûtes.

Portée sur quatre piliers épais disposés en carré, toute calotte sphérique est soutenue en l'air par des constructions secondaires, formant un encorbellement dont la forme est variable et dont le but est de racheter les angles du plan carré de chaque travée, pour le relier à la base circulaire de la coupole. On a donné à cette disposition le nom de pendentif. Inconnu aux anciens, le pendentif, d'invention byzantine, peut être,

1° Uni : il forme alors un plan gauche à double courbure;

2° Creux comme le sommet d'une niche, avec cette différence que la courbe est une portion du cône;

PENDENTIFS.

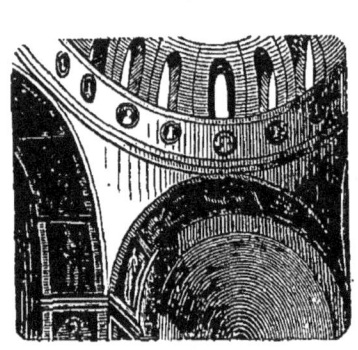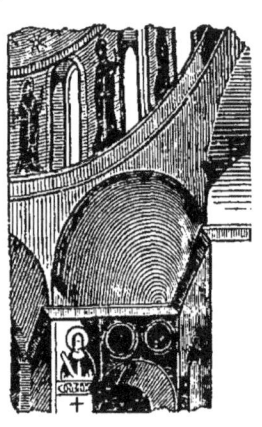

3° Multiple, c'est-à-dire formé par un grand nombre de petites voûtes en encorbellement les unes au-dessous des autres; c'est ainsi que les Arabes font leurs pendentifs: l'architecture romane en offre quelques imitations.

Au-dessous des coupoles, de grands arcs en plein cintre relient deux à deux les piliers qui séparent les travées; c'est au sommet de ces arcs que sont tangents les grands cercles des voûtes en demi-sphère.

Les piliers et les pendentifs sont incrustés de mosaïques ou décorés de peintures, selon l'importance du monument;

des marbres, plaqués ou figurés au pinceau, occupent les parties basses des pieds-droits isolés, ainsi que des murs latéraux de l'édifice.

Dans les églises de petite dimension, les piliers qui soutiennent les coupoles sont remplacés par des colonnes en marbre, ce qui deviendrait impraticable lorsqu'il s'agit de supporter une voûte d'un grand diamètre.

### AUTEL ET CIBOIRE.

L'autel des Grecs est un cube et quelquefois un cylindre en pierre ou en marbre; il n'est point surmonté d'un gradin comme l'autel des Latins; les flambeaux se placent isolément aux quatre angles. Sur les faces verticales, décorées d'une riche étoffe drapée à larges plis, on figure, par des broderies d'or et d'argent, la croix grecque et les *gammadæ*, emblèmes de la Trinité.

### CIBORIUM.

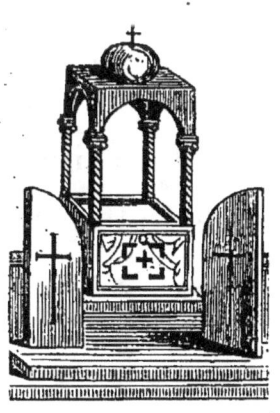

Le ciboire byzantin, porté par quatre colonnes qui s'élèvent aux angles de l'autel, a quelquefois la forme d'une coupole; il est surmonté d'une portion de sphère, comme dans le dessin ci-joint, lorsque ses faces, disposées verticalement, sont percées de quatre petits arcs.

En avant de l'autel est une clôture sacrée dans laquelle s'ouvrent les portes saintes; un rideau qui, dans le cours des cérémonies, se tire et se ferme à plusieurs reprises, pour masquer ou laisser voir le sanctuaire, surmonte les portes, et s'harmonise avec elles par la richesse des broderies et des peintures qui le décorent.

### DÉTAILS D'ARCHITECTURE.

Les chrétiens d'Orient, suivant la même marche que leurs frères d'Occident, s'emparèrent d'abord de tous les fragments d'architecture antique que pouvaient leur offrir les édifices de la Grèce ou de l'Asie-Mineure; aussi trouve-t-on dans les basiliques byzantines de nombreuses colonnes de marbre, des chapiteaux grecs ou romains, des fragments d'architraves et de corniches dans lesquels on reconnaît facilement le ciseau d'Éphèse ou d'Athènes. Mais, lorsque ces détails vinrent à manquer et qu'il fallut créer, les artistes de Byzance durent harmoniser les formes soumises à leur caprice avec les masses pesantes de leurs basiliques. On ébrancha le beau chapiteau de Corinthe, sa corbeille élégante devint une masse presque cubique, ornée seulement de feuillages aigus et peu saillants; la mosaïque et la peinture décorèrent aussi les faces planes de ces chapiteaux.

CHAPITEAU.             BASE.

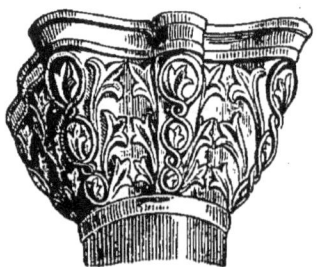
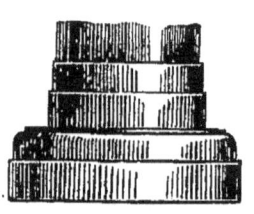

Ces formes nouvelles eurent du succès en Occident, pénétrèrent par l'Illyrie, l'Italie, les bords du Rhin, et, par la Normandie, passèrent jusqu'en Angleterre. Telle paraît être l'origine des chapiteaux cubiques si communs au XIᵉ siècle, et qui sont un des éléments byzantins introduits dans l'architecture romane.

Les moulures de couronnement eurent le même sort; elles furent simplifiées dans l'architecture byzantine au point de n'offrir plus que des champs lisses plus ou moins inclinés en biseau; la sculpture, la peinture ou la mosaïque-les enrichirent, en rappelant en quelque façon les ornements antiques.

MOULURES.

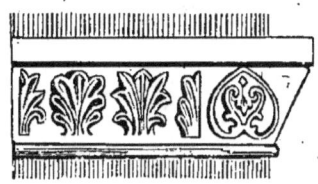

La sculpture d'ornement des Byzantins est large et pesante, riche en perles, en galons contournés et décorés de pierreries. Si le sculpteur a représenté des rinceaux ou des feuillages isolés, les extrémités sont aiguës, les arêtes vives, les feuilles profondément exprimées par des angles rentrants, les côtes et les branches découpées en chapelets de perles.

FEUILLAGES.

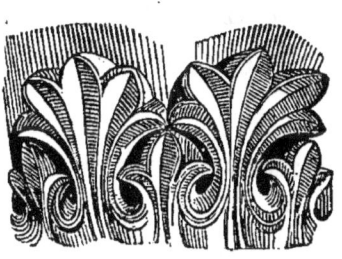

. Les nombreux artistes grecs qui, dans le moyen âge, se répandirent dans l'empire occidental, transmirent au style roman les principes de cette ornementation, comme ils y avaient introduit plus d'une forme de leur architecture. Ces nuances sont délicates et assez difficiles à reconnaître; nous avons indiqué leur origine, les principes sur lesquels elles sont établies : la pratique seule peut apprendre à les distinguer.

On examinera dans les chapitres suivants l'architecture romane, qui offre une alliance des deux styles qui précèdent. Elle sera étudiée avec plus de détails, parce que les monuments élevés dans ce système sont très-multipliés en France, et que ses formes variées, qui s'éloignent de plus en plus de l'antiquité, demandent une terminologie nouvelle.

### STYLE ROMAN ET STYLE GOTHIQUE.

#### DU XIᵉ AU XVIᵉ SIÈCLE.

C'est à partir de la résurrection de l'art, dans les premières années du XIᵉ siècle, qu'ont été construits presque tous les édifices religieux que les correspondants de la commission rencontreront dans leurs recherches. A partir de cette époque aussi les églises n'ont guère cessé d'offrir une distribution constante, ramenée d'une manière assez fidèle (sauf les proportions et quelques adjonctions indispensables) au type de la basilique romaine. Cette distribution n'a même reçu jusqu'à nos jours qu'une modification importante par le prolongement des collatéraux autour du chœur, qui date des premières années du XIIᵉ siècle.

Plus les églises construites sur un autre plan sont rares, plus elles devront être étudiées avec soin, chaque fois qu'on en rencontrera.

A partir de ces premières années du XIᵉ siècle, nos temples ayant pris des proportions de plus en plus étendues, et en rapport avec les masses de population qui s'y pressaient aux

fêtes solennelles, la réunion des travaux de plusieurs générations, le plus souvent même de plusieurs siècles, devint indispensable à leur achèvement ou à leur appropriation. Chacun
de ces siècles, chacune de ces générations, dédaignant de
s'astreindre, surtout dans les détails, à un plan primitif, qui,
d'ailleurs, la plupart du temps, n'avait pas été rigoureusement
arrêté, a imprimé un caractère particulier à son œuvre.

C'est donc en détail et, pour ainsi dire, pied à pied qu'il
faut aller chercher, tant à l'extérieur qu'à l'intérieur, sur
chacune des portions d'un ensemble si compliqué et presque
toujours si hétérogène, la date particulière que les arts du
moyen âge y ont inscrite. Pour ne pas s'égarer dans une
pareille analyse, il est nécessaire de la conduire avec beaucoup
d'ordre. Nous pensons qu'il pourra y être procédé d'après la
marche tracée dans les divisions suivantes :

Chapitre I. Ensemble de l'église.
Chapitre II. Examen détaillé de l'extérieur.
Chapitre III. Examen détaillé de l'intérieur.
Chapitre IV. Dépendances, constructions accessoires ou
    analogues.

## CHAPITRE I. — ENSEMBLE DE L'ÉGLISE.

Ce chapitre se composera de cinq paragraphes, savoir :
§ 1. Orientation de l'édifice.
§ 2. Plan par terre.
§ 3. Dimensions générales.
§ 4. Système général et matériaux de construction.
§ 5. Distribution générale.

### § 1. ORIENTATION.

Tout le monde sait que, longtemps avant le xi<sup>e</sup> siècle, les églises ont commencé à être dirigées, autant que possible, vers l'orient, soit pour que le soleil en éclairât l'intérieur de ses premiers rayons, soit afin que les fidèles qui viendraient y prier eussent la face tournée vers la contrée qui fut le berceau du christianisme. Lorsqu'une d'elles a été construite depuis cette époque dans une autre direction, ce qui est ordinairement dû à des circonstances particulières de localité, il est indispensable d'en faire l'observation. Nous pensons même que l'on doit tenir compte de l'inclinaison, souvent très-marquée, que présente l'axe de la plupart des églises par rapport à l'orient vrai, inexactitude qui peut tenir, soit au peu de soin apporté par les constructeurs à établir une orientation exacte, soit, comme l'ont supposé quelques antiquaires, à ce qu'on se sera dirigé sur le point du ciel où se levait le soleil à l'époque de l'ouverture des travaux.

- Si les églises étaient toujours, sauf ces légères inexactitudes, dirigées de l'occident vers l'orient, ainsi que cela arrive le plus ordinairement, il suffirait d'employer la mention des points cardinaux du ciel pour éviter toute confusion dans la désignation de l'emplacement respectif de leurs parties, et surtout de celles qui sont répétées des deux côtés de leur axe ; mais, comme il n'en est pas toujours ainsi, on a eu recours à divers moyens d'éviter toute confusion. Ainsi l'on dit qu'un objet est à la droite de l'axe de l'église, ou du côté de l'épître, lorsqu'il se trouve à la droite d'un observateur qui aurait la face tournée vers le chevet et le dos vers le bas de l'édifice. Dans le cas contraire on peut dire que cet objet est à gauche, ou du côté de l'évangile. Lorsque l'orientation est normale, on peut sans inconvénient se servir des expressions de méridional et de septentrional, qui ont alors l'avantage de donner à la fois l'orientation relative et l'orientation absolue des points dont il s'agit.

### § 2. PLAN PAR TERRE OU ICHNOGRAPHIE.

Toutes les fois que l'on pourra fournir un plan des églises de quelque importance ou de quelque intérêt, ce document épargnera beaucoup de longueurs et d'obscurités. On devra donc le réclamer du zèle de MM. les architectes chargés de veiller à leur conservation, chez la plupart desquels il existe déjà. Il est à désirer qu'il soit levé à l'échelle de trois millimètres par mètre. Il sera fort utile de distinguer, par une teinte particulière de lavis, les portions de l'édifice appartenant à chaque époque et à chaque système de construction.

En procédant à ce travail, on devra aussi se rappeler sans cesse que les architectes du moyen âge apportaient beaucoup moins de régularité et de précision que les nôtres dans les espacements et les dimensions de chacune des portions de leurs édifices. Il sera donc indispensable de mesurer scrupuleusement chaque distance et chaque corps de construction. Nous recommanderons particulièrement de vérifier si les deux collatéraux sont d'une largeur égale, et si le chœur ne présente pas une déviation plus ou moins prononcée de l'axe principal de l'église.

### § 3. DIMENSIONS GÉNÉRALES.

Lors même que les deux premières de ces dimensions auront

été fournies au moyen du plan demandé dans le paragraphe précédent, il sera bon de les rappeler ici en chiffres pour mettre le lecteur à portée d'apprécier sur-le-champ leur rapport avec la troisième (la hauteur).

Nous pensons aussi qu'à la suite de ces trois dimensions générales il sera bon de grouper immédiatement celles des membres principaux de l'édifice.

### § 4. SYSTÈME GÉNÉRAL ET MATÉRIAUX DE CONSTRUCTION.

Quelle que soit la diversité de style et de date de chacune des parties dont se compose une église, elle offre presque toujours une masse principale qui peut fournir l'occasion d'observations intéressantes sur

La nature géologique,
Le lieu d'extraction,
L'époque de l'emploi habituel,
Les dimensions,
La forme,
La couleur,
La disposition,
} des matériaux, et surtout des revêtements qui sont entrés dans sa construction;

L'épaisseur et le profil des joints;
La composition et la solidité des mortiers et ciments;
La régularité des lignes, des appareils et des raccordements;
L'existence d'un embasement distinct, sa hauteur, sa saillie, et la moulure qui le termine;
Les ressauts ou larmiers qui peuvent se présenter à diverses hauteurs du plein de la muraille.

Parmi les matériaux, nous citerons, au nombre des plus caractéristiques, le tuf, employé avec prédilection depuis les

Romains jusqu'au xiii<sup>e</sup> siècle, surtout pour les revêtements
extérieurs et les voûtes, et la terre cuite (brique ou tuile),
dont il ne faut pas seulement constater la présence, mais
encore la situation, la forme et la combinaison, toutes les fois
qu'elle figure comme ornement, qu'elle s'éloigne des types
actuels, ou qu'elle se rapproche de celui qui lui avait été
imprimé par la céramique romaine. Les autres matériaux,
revêtements ou incrustations, adoptés dans l'intention de
produire un jeu, une opposition de couleurs, devront encore
être soigneusement notés, ainsi que les marbres que l'on rencontre, au reste, trop rarement employés en grand dans nos
églises de France.

Quant à la disposition, on devra la signaler toutes les fois
qu'elle s'éloignera de l'usage habituel, et particulièrement
quand elle présentera la construction en arête de hareng (*opus
spicatum* des anciens), composé de matériaux alternativement
inclinés en sens contraire, ou l'*opus reticulatum*, formé de pièces
carrées posées sur l'un de leurs angles, ou enfin toute autre
figure insolite. L'*opus reticulatum* ne se rencontre ordinairement
au moyen âge que dans des frises, des arcades, des tympans
de portes, et autres parties décorées de peu d'étendue. Quelquefois il n'est que figuré, au moyen de légers sillons tracés
sur une pierre de plus grande dimension.

Chacune des portions extérieures et intérieures d'une église
devra être examinée à part, sous les rapports qui viennent
d'être indiqués, toutes les fois qu'elle présentera des caractères
de ce genre qui différeront de ceux de la masse principale.

§ 5. DISTRIBUTION GÉNÉRALE.

Les parties principales dont se compose une église complète sont les suivantes :

A. L'abside, chevet ou sanctuaire.

B. Le chœur.

C. La nef principale.

D. Les collatéraux, le pourtour du chœur et leurs chapelles.

E. Les transsepts et leurs chapelles.

F. Les portails.

G. Le porche.

H. Les clochers.

I. La sacristie.

A. L'ABSIDE, CHEVET OU SANCTUAIRE.

Dans les églises des xie et xiie siècles, comme dans la basilique romaine, le fond de l'édifice est occupé par une abside ou tribune [1] semi-circulaire, et se rattachant à la construction principale par une voûte en cul-de-four, surmontée d'un toit

---

[1] Ce dernier mot, que nous avons appliqué, en France, à d'autres portions de la distribution intérieure de l'église, est l'expression propre que les Italiens ont conservée. L'abside de la basilique étant, en effet, l'emplacement où siégeait le tribunal, il est tout naturel qu'elle ait pris et conservé le nom de tribune. Le mot *abside*, ἀψίς, signifie en grec une voûte, et ne devrait, dans une terminologie rigoureuse, s'appliquer qu'à la portion voûtée de la construction que nous examinons. Cette portion de l'abside a été désignée, dans quelques écrits des xvie et xviie siècles, sous le nom de *coiffe*. C'était la seule voûte qui existât dans la basilique primitive.

presque toujours plus bas que celui du chœur, tandis que son sol était, au contraire, plus élevé. Au centre, ou en avant de cette abside, était ordinairement placé l'autel, et, tout au fond, le fauteuil de l'évêque, de l'abbé ou du curé ayant les prêtres assis à sa droite et à sa gauche, sur un hémicycle attenant à la muraille, et les diacres debout aux deux côtés de l'autel, tous la face tournée vers le peuple.

Nous avons dit que le plan de l'abside était semi-circulaire; néanmoins on en connaît de fort anciennes dans lesquelles il est triangulaire, carré ou formé d'un plus grand nombre de pans, au moins à l'extérieur.

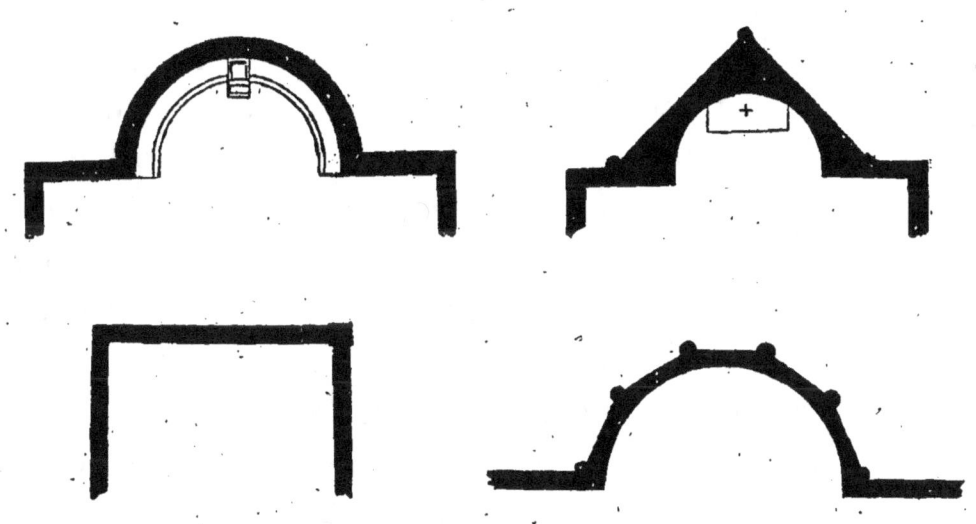

Originairement cette partie de l'édifice n'était percée d'aucune fenêtre; mais, depuis une époque fort reculée, l'usage s'était introduit d'y en pratiquer une ou plusieurs (ordinairement en nombre impair).

De très-bonne heure aussi on construisit, surtout dans les campagnes, des églises sans abside et à chevet plat, où le

clergé officiant a nécessairement toujours été placé la figure
tournée vers l'orient.

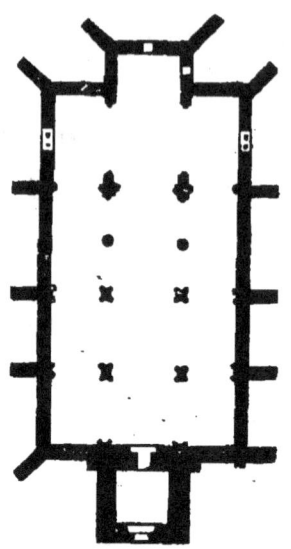

On connaît d'ailleurs des absides fort antiques dans lesquelles l'autel primitif doit également avoir toujours été adossé
à la muraille. Néanmoins cette situation du clergé, qui paraît
avoir été alors purement accidentelle, ne devint générale que
lorsque le nouveau système de distribution que nous avons
signalé ci-dessus, en ceignant le sanctuaire du prolongement
des collatéraux et d'une série complète de chapelles, lui imprima la forme et l'emploi qu'il a conservés jusqu'à nos jours,
et qui ne lui laissent plus d'autres caractères de son ancienne
destination que la présence de l'autel et la célébration du service divin.

Dans les églises abbatiales, et surtout dans les monastères
de femmes, le haut chœur est souvent placé derrière l'autel.

### B. LE CHŒUR.

Le chœur, originairement situé au haut de la nef, est, dans
les églises romanes et gothiques, la portion de l'édifice intermédiaire entre l'abside ou le sanctuaire et l'intersection des

transsepts avec la nef principale. Sa destination primitive était uniquement de recevoir les chantres et ces officiers inférieurs du culte que nous appelons aujourd'hui le bas chœur. Dans les églises des xie et xiie siècles, on remarque que son toit, plus élevé que celui de l'abside, l'est ordinairement moins que celui de la nef principale. A l'intérieur, la clôture qui ferme son enceinte, et qui était d'abord formée d'imbrications à jour, en pierre, lui a fait donner, au moyen âge, le nom de *chancel*[1]. Sa forme et ses dimensions ont subi d'importants changements depuis que, par l'effet de la révolution signalée ci-dessus, il a été appelé à recevoir tout le clergé.

Du côté de la nef le chœur se termine, dans les cathédrales, les grandes abbayes, et même quelques églises paroissiales, par le jubé, tribune où l'évangile est lu aux fêtes solennelles, et qui remplace les ambons du rit primitif. La création de cette tribune, qui ne remonte pas à une haute antiquité, a eu pour but d'affranchir la lecture de l'évangile du mystère dont étaient entourées les autres cérémonies du service divin par la clôture du chœur.

### C. LA NEF PRINCIPALE.

Cette portion de l'édifice, dont le plan est, dans l'église latine, un parallélogramme plus ou moins allongé, en forme; pour ainsi dire, le noyau central, sur lequel viennent s'appuyer toutes les constructions accessoires. C'est aussi ordinairement la plus élevée, au moins dans la distribution romane (car il en a été souvent autrement depuis l'introduction de l'ogive), et celle qui, depuis un grand nombre de siècles, reçoit la masse des fidèles, auparavant placée à droite et à gauche dans

---

[1] Ce mot a souvent, mais abusivement, été employé pour désigner l'espace circonscrit par la clôture à laquelle doit rester exclusivement réservé le nom de chancel.

les collatéraux, de manière à laisser la nef principale complétement libre.

### D. LES COLLATÉRAUX.

Les collatéraux, nefs secondaires ou bas côtés, sont deux
portions de l'église parallèles à la nef principale, sur laquelle
elles s'appuient, et dont elles ne sont séparées que par des
piliers ou colonnes. Dans la basilique latine ils se terminaient
brusquement, à leur point de jonction avec la naissance de
l'abside, par un mur transversal. Dans les basiliques chrétiennes ces deux murs ont le plus souvent fait place à des absides secondaires, destinées primitivement à recevoir, l'une,
le trésor de l'église, et l'autre sa sacristie. Le xii⁰ siècle, en les
prolongeant au delà du sanctuaire, où ils prennent le nom de
pourtour du chœur, y a ajouté une série de chapelles correspondantes à chacune de ses travées.

SAINT-GERMAIN-DES-PRÉS.

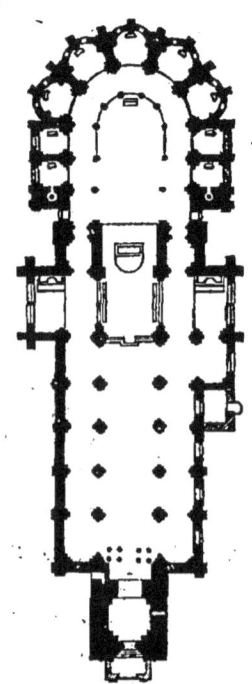

Plus tard cette ceinture de chapelles se prolongea au delà des transsepts, jusqu'à l'autre extrémité de la nef.

Les collatéraux, quelquefois doubles dans les grands édifices, c'est-à-dire partagés en deux, dans le sens de leur longueur, par un rang de piliers ou de colonnes intermédiaires, y sont souvent aussi pourvus de galeries supérieures, qui en doublent l'étendue.

NOTRE-DAME DE PARIS.

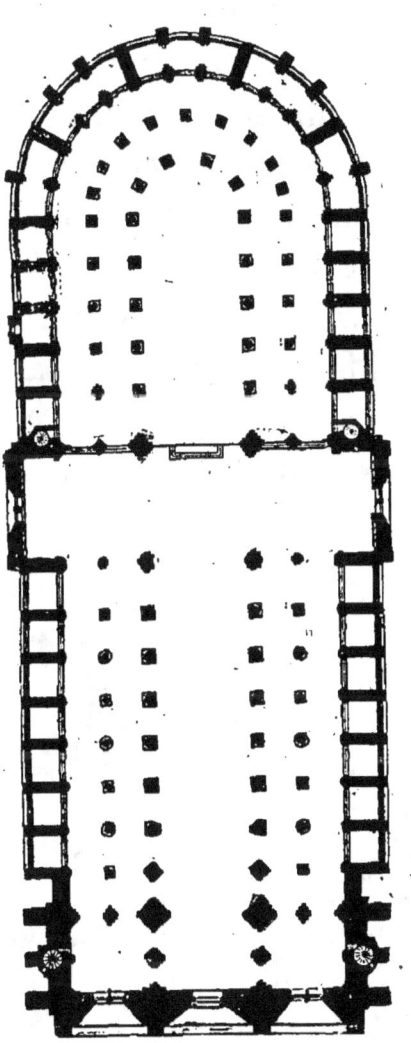

Ils manquent dans les chapelles et dans la plupart des églises de petite dimension.

SAINT-JEAN DE BEAUVAIS.

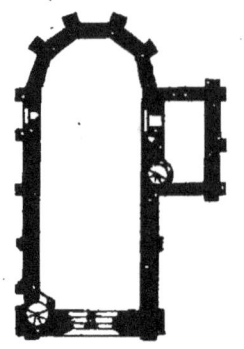

### E. LES TRANSSEPTS.

Les transsepts, construction transversale à la nef et aux collatéraux, comme l'indique son nom, et placée aux deux côtés de leur extrémité voisine du chœur, existent d'une manière plus ou moins marquée dans quelques basiliques primitives. Ils furent de très-bonne heure adoptés et développés par les architectes chrétiens, auxquels ils fournissaient l'occasion d'imprimer à leurs édifices un caractère particulier de consécration religieuse en leur donnant la forme d'une croix. C'est ce qui les a fait appeler en France *la croisée* ou *les croisillons* de l'église.

ÉGLISE DE ROSHEIM.

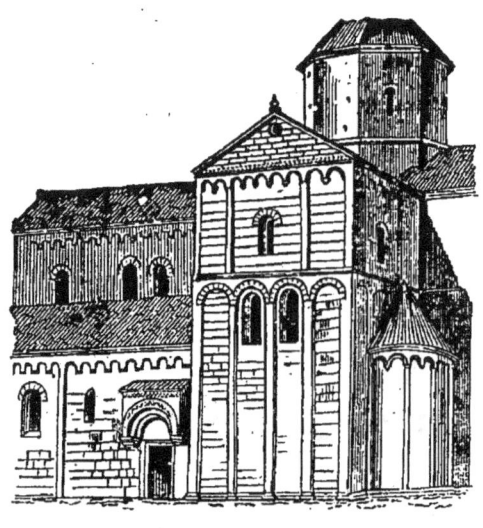

Après les collatéraux, ce sont eux qui ont reçu les premiers autels secondaires introduits dans nos temples, dont la disposition et le rit primitifs n'en comportaient qu'un. Souvent même leurs absides sont mieux caractérisées et de plus grande dimension que celles des collatéraux, destinées, dans l'origine, à un autre service, comme nous l'avons dit.

Les transsepts manquent dans les chapelles et souvent dans les petites églises. Ils sont répétés deux fois dans quelques grands édifices, de manière à ce que le plan figure une sorte de croix de Lorraine ou archiépiscopale.

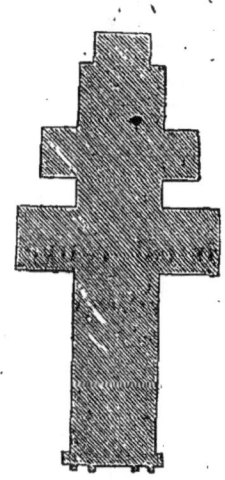

On dit qu'une église est en forme de croix grecque, lorsque la nef, les transsepts et le chœur sont de même dimension;

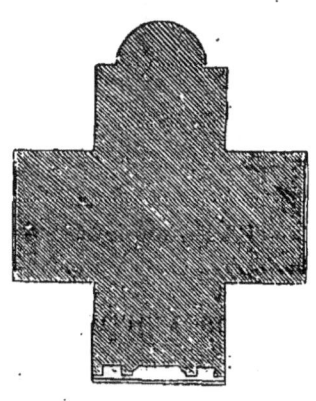

et qu'elle représente une croix latine, lorsque la nef est plus longue, conformément à l'usage le plus habituel.

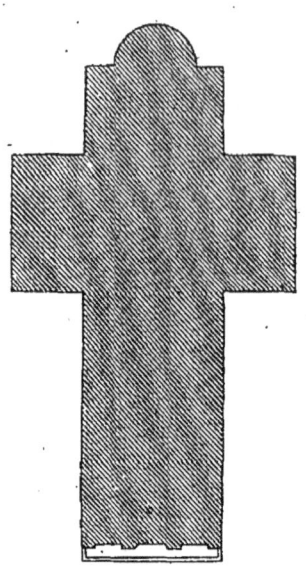

Quelquefois cette croix est renversée ; le croisillon le plus long étant celui qui se trouve occupé par le chœur.

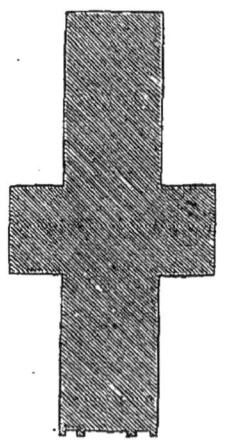

F. LES PORTAILS.

Il n'y avait, dans les églises primitives, qu'une seule entrée donnant sur l'*atrium*. Cette entrée est aujourd'hui représentée

ar le grand portail, ordinairement dirigé vers le couchant;
nais quelquefois, ainsi que le porche, reporté au bas de l'un
les collatéraux, surtout dans la plupart des églises à contre-
absides, dont nous allons parler.

NOTRE-DAME DE POITIERS.

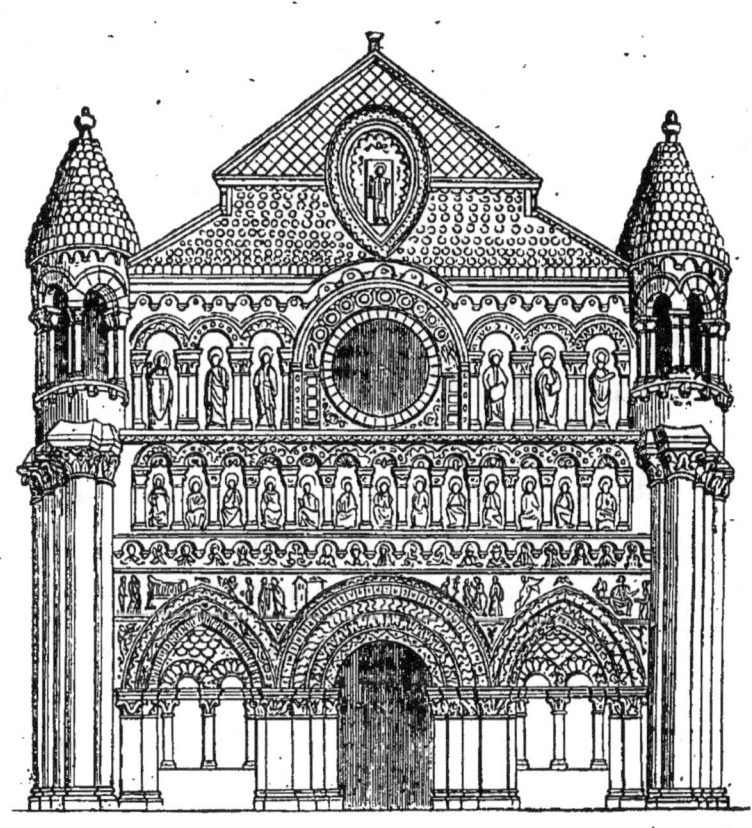

Outre ce portail principal, portion de l'édifice où les arts
du moyen âge ont souvent déployé le plus de magnificence,
l est rare qu'on n'en rencontre pas d'autres, et particulière-
nent sur la face extérieure des transsepts. Ces entrées de l'é-
glise, étant d'une grande importance sous le rapport de l'ornementation, seront décrites avec beaucoup de soin et de
détails, et l'on devra, entre autres circonstances, examiner si
elles font partie du plan de la masse de l'église, ou si elles lui

sont, soit postérieures, soit même antérieures, comme cela arrive quelquefois.

### G. LE PORCHE.

Le porche est cette portion de l'édifice, ordinairement extérieure, qui était destinée, suivant les rites de la primitive église, à mettre à l'abri des injures de l'air, mais en dehors de l'assemblée des fidèles, les catéchumènes et les pénitents. Ces rites ayant été abandonnés depuis un grand nombre de siècles, leur suppression a entraîné, à une plus ou moins longue distance, suivant les localités, celle de la distribution qui y correspondait. La présence du porche est donc un signe notable d'ancienneté et de fidélité à la liturgie primitive, qui doit le faire signaler et décrire avec une attention particulière toutes les fois qu'il a été construit dans cette intention. Mais il faut soigneusement distinguer ce porche normal des diverses constructions, tant intérieures qu'extérieures, qui ont été confondues avec lui sous la même dénomination, savoir :

A l'intérieur :

Le porche en forme de coupole, imitation de l'église du Saint-Sépulcre, placé à l'entrée de quelques-unes de nos églises romanes ;

LE TEMPLE, À PARIS.

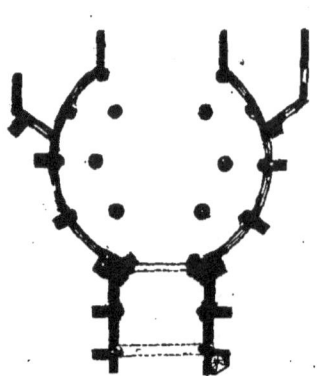

Le porche accidentel formé par la base d'un clocher placé sur le milieu du portail,

SAINTE-RADEGONDE, À POITIERS.

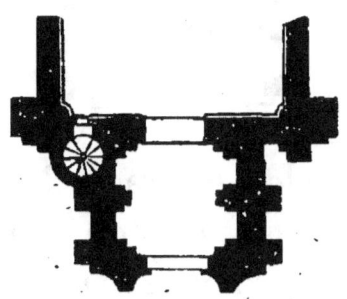

ou résultant de l'étranglement que produisent, dans le plan de ce même portail, les bases de deux clochers latéraux,

MONRÉAL (SICILE).

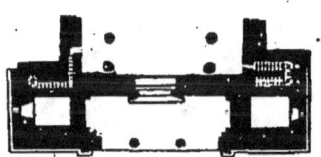

ou enfin produit par le retrait des portes en arrière de la masse du portail.

CATHÉDRALE DE REIMS.

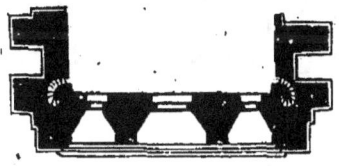

A l'extérieur :

Le porche-péristyle, imitation, aussi complète que l'a comporté la capacité des constructeurs, du péristyle antique, non-

seulement dans sa masse, mais encore dans ses moindres détails de disposition et d'ornementation.

SAINT-VINCENT, À ROME.

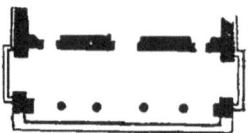

On y trouve quelquefois les traces de l'emploi de rideaux,
destinés à préserver les assistants du soleil et de la pluie.

Le porche-tribunal, ordinairement supporté sur deux colonnes, dans la décoration desquelles il entre presque toujours
des figures de lions.

SAINT-ZENON, À VÉRONE.

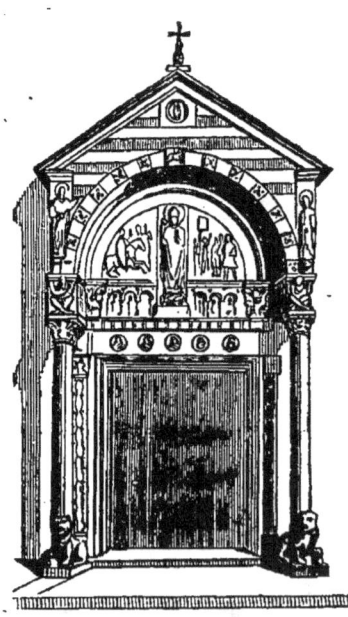

On sait qu'au moyen âge c'était à la porte des églises que
se rendait souvent la justice, et que s'accomplissaient certains actes authentiques, ainsi que le rappellent les formules
*inter leones* et *à la porte du moutier*. Quelquefois ce porche-

tribunal, au lieu d'être appuyé sur le portail, l'est sur le porche religieux, et constitue alors un véritable avant-porche.

Le porche militaire, construit en avant du portail pour en défendre au besoin l'entrée, est ordinairement couronné de mâchicoulis ou de créneaux.

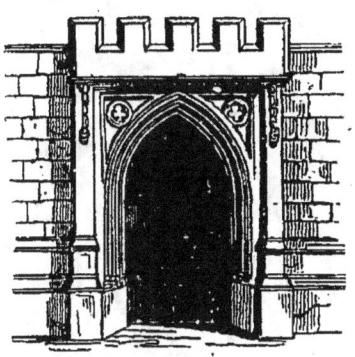

Il se réduit quelquefois, à l'exemple des *moucharabis* orientaux, à une simple saillie des étages supérieurs, supportée par des mâchicoulis.

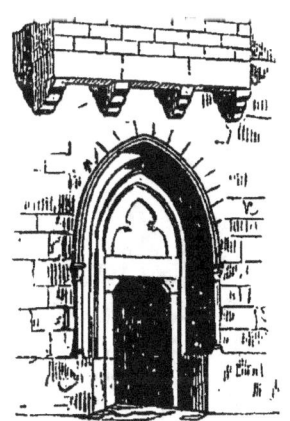

Le porche de décoration, souvent fort orné et fort saillant, ajouté, en avant du portail principal, ou même de quelqu'une des portes latérales, dans un simple but d'ornementation, ordinairement après coup et à une époque peu ancienne, lorsque la tradition du porche primitif était depuis longtemps perdue.

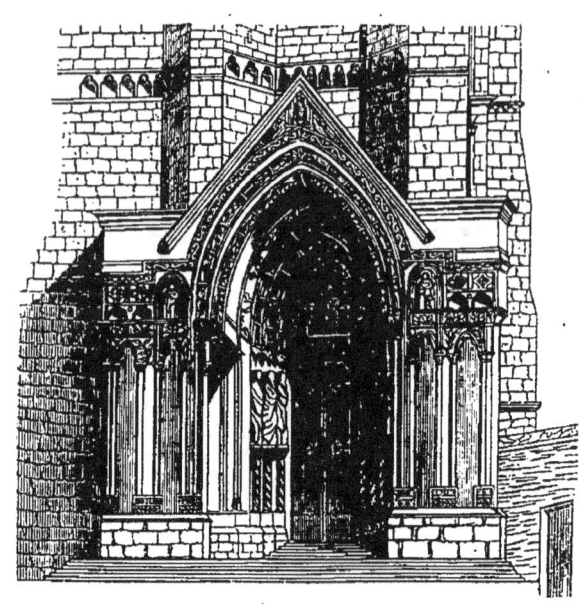

Enfin le porche-auvent, construction légère placée en avant de l'une des entrées de l'église pour la défendre des injures de l'air.

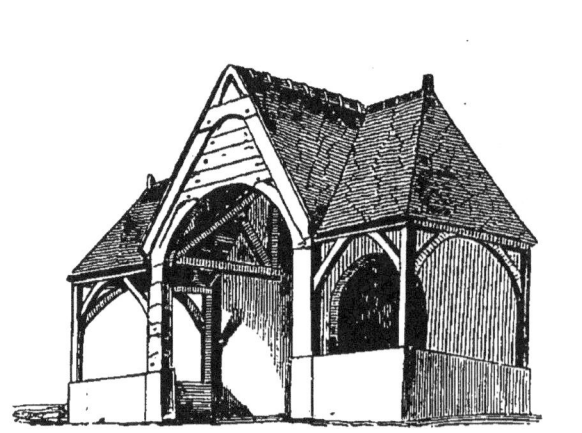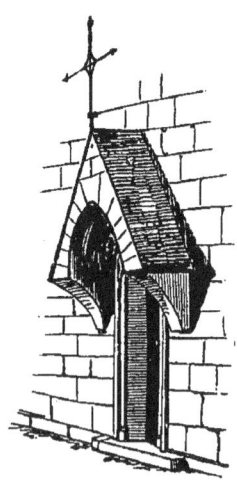

On trouve souvent, sur les bords du Rhin, et plus rarement en France, des églises dans lesquelles le porche est remplacé par une ou trois contre-absides. Dans ce dernier cas, les deux latérales servent ordinairement de passage. La principale est occupée, tantôt par un autel où l'on officie quelquefois, tantôt par un chœur de chantres, mais plus souvent par les fonts baptismaux.

CATHÉDRALE DE TRÈVES.

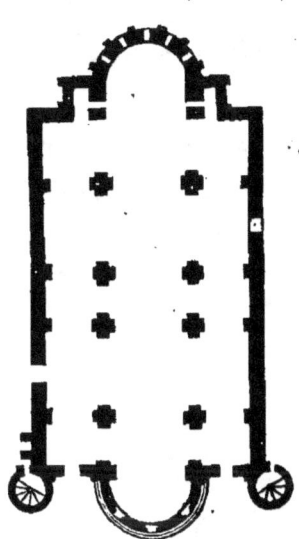

On sait que le baptistère, primitivement placé au milieu de l'*atrium* ou parvis, a été reporté, à l'époque de la suppression de cet *atrium*, dans l'intérieur de l'église, où il a occupé divers emplacements (le plus souvent à gauche), et pris plusieurs formes, quelquefois même celle d'un petit édifice complet inséré dans le grand.

### H. LES CLOCHERS.

Les clochers, dont le nom indique suffisamment la destination, sont encore une adjonction faite par le christianisme au plan de la basilique romaine, pour y placer les instruments au moyen desquels s'introduisit, à une époque très-reculée, l'usage d'appeler les fidèles à la prière. Les plus anciens que

l'on connaisse sont des tours rondes, isolées de l'église, comme
on a souvent continué de les placer en Italie, et beaucoup
plus rarement en France. Par la suite les clochers remplirent
en même temps une autre destination, celle d'annoncer, du
plus loin possible, au voyageur, l'emplacement de l'église.
c'est pour satisfaire plus complétement à ce dernier service,
aussi bien que par des motifs de décoration et de magnificence, qu'ils ont été élevés quelquefois jusqu'à des hauteurs
prodigieuses. En France, dans les plus anciennes églises, le
clocher principal couronne ordinairement le centre de l'édifice au point de jonction de la nef, des transsepts et du chœur.

NOTRE-DAME DE DIJON.

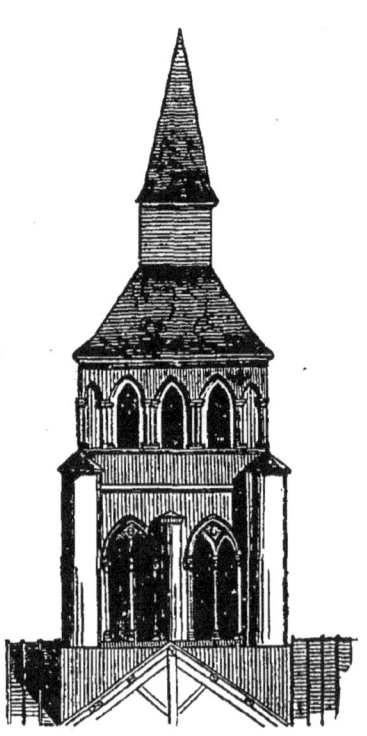

Dans les grandes églises épiscopales ou abbatiales, on en
compte quelquefois jusqu'à sept ou huit, mais ordinairement
trois, savoir : un principal au centre de la croisée, et deux

secondaires aux côtés du grand portail. Ceux-ci rappellent, par leur position, et souvent par l'infériorité de leurs proportions, les clochetons dont était flanquée primitivement la façade extérieure de l'*atrium*.

### I. LA SACRISTIE.

La sacristie, dont tout le monde connaît la destination et l'emplacement habituel dans le voisinage du chœur, est moins une portion intégrante qu'une dépendance de l'édifice, presque toujours ajoutée après coup dans nos églises romanes et gothiques, et moins importante par sa décoration propre que par les objets précieux qu'on y dépose. Nous la mentionnons ici cependant, par la raison que c'est au moins un accessoire indispensable et que son existence date de la primitive église, comme nous l'avons dit ci-dessus (§ D, p. 136).

### CHAPITRE II. — EXAMEN DÉTAILLÉ DE L'EXTÉRIEUR.

Avant d'indiquer les formes et les caractères par lesquels peut se distinguer à l'extérieur chacun des membres de l'église que nous venons d'énumérer, il est indispensable de jeter un coup d'œil rapide sur les objets qui doivent figurer dans ces descriptions, soit qu'ils appartiennent exclusivement à l'extérieur, ou que nous puissions les rencontrer également en dedans de l'édifice.

A. Le premier examen portera sur le système et les matériaux de construction, qui devront être signalés toutes les fois qu'ils présenteront quelque caractère particulier, différent de celui de la masse. (Voyez ce que nous en avons dit, § 4 du chapitre précédent, p. 130.)

B. Les murailles peuvent être complétement lisses sur leur surface extérieure, ou décorées, soit de quelque ornement courant, tel que des stries verticales, horizontales ou obliques, des nattes[A], des compartiments[B], des imbrications[C], des bossages; soit de quelque renflement ou moulure horizontale, tel que cymaise, larmier ou imposte; le plus souvent elles sont pourvues, surtout en dehors, d'un soubassement très-caractérisé.

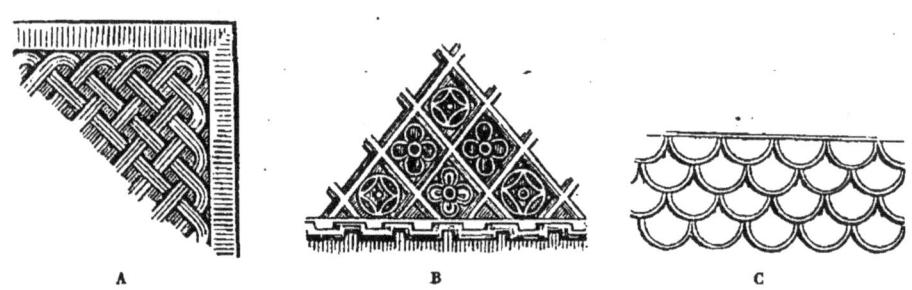

A          B          C

C. Elles peuvent être nues ou pourvues de colonnes, pieds-droits ou pilastres, libres ou engagés, et supportant, soit un amortissement, soit un couronnement, soit une architrave.

L'amortissement est la partie supérieure d'une baie, lorsqu'elle va en diminuant vers le sommet.

L'amortissement est ordinairement curviligne et prend alors le nom d'arcade.

L'arcade peut être à jour ou figurée, nue ou décorée d'une archivolte soutenue par deux des supports que nous venons de mentionner, ou par deux consoles.

Dans le cas où c'est une série d'arcades (arcature) qui repose ainsi sur de simples consoles, elle devient un couronnement. (Voyez ci-après D, p. 177.)

Ailleurs des arcades ainsi soutenues par de simples consoles alternent avec d'autres, qui reposent sur l'un des supports que nous venons de citer, ou sur un simple ressaut de la muraille.

On rencontre fréquemment aussi, mais plus à l'intérieur qu'à l'extérieur, si ce n'est pourtant dans les baies des clochers, deux arcades secondaires inscrites dans une arcade principale de courbe semblable ou différente, et soutenues par une colonne centrale; au-dessus de cette colonne se trouve ordinairement un œil-de-bœuf, destiné à alléger le plein de l'arcade, et le plus souvent de forme circulaire et rayonnante.

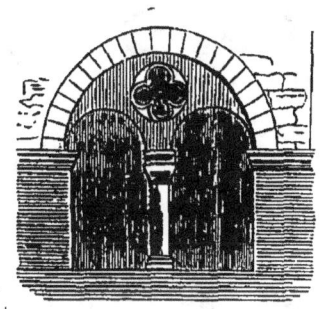

Le contour de cet œil-de-bœuf est tantôt uni, tantôt découpé en lobes, d'abord au nombre de trois ou quatre, puis se multipliant de plus en plus. C'est là l'origine de ces quatrefeuilles et de ces trèfles que nous verrons figurer si souvent en creux et comme taillés à l'emporte-pièce, au bord des parties pleines, dans les églises gothiques.

L'œil-de-bœuf et ses variétés se trouvent encore employés, soit des deux côtés d'une arcade ornée, soit isolés comme celui dont nous venons de parler, au-dessus de chaque colonne d'une arcature.

Outre les séries de colonnes et d'arcades, on en rencontre en entrelacements. Il faut alors, non-seulement les signaler, mais encore rendre compte avec un soin particulier, et autant que possible fournir un dessin exact, sur une échelle étendue, des courbes principales et de celles qui résultent de leurs intersections.

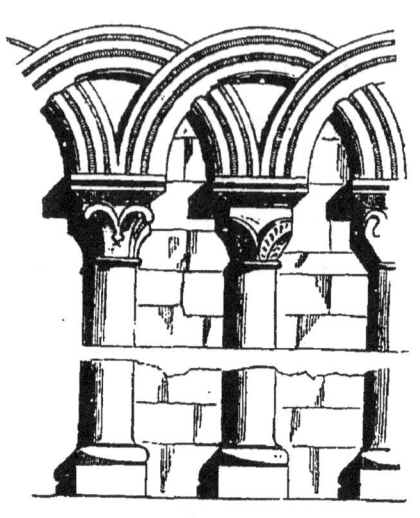

La colonne et l'amortissement méritent chacun un examen particulier et approfondi.

A. La colonne se distingue du pilier par la présence d'un chapiteau et ordinairement d'une base.

Cependant il existe un genre de support intermédiaire : la colonne-pilier, toujours remarquable par sa pesanteur, et qui n'est munie à son sommet que d'un cordon et d'un tailloir, ou de l'un des deux seulement.

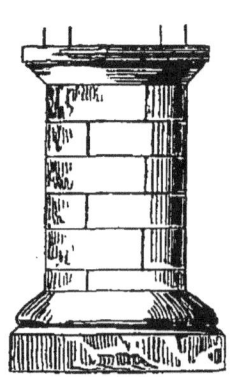

La colonne est complète lorsqu'elle se compose d'une base, d'un fût et d'un chapiteau ; incomplète lorsqu'elle manque, soit de base (quelquefois avec une portion du fût), soit de chapiteau.

Dans le cas où ce sont la base et une portion du fût qui manquent, ce qui existe peut être désigné sous le nom de demi-colonne et repose, soit sur une console, soit sur une simple retraite des tambours inférieurs ; quelquefois aussi ces derniers manquent complétement. Quand on rencontrera des faits de ce genre, on devra examiner s'ils tiennent à la construction primitive ou s'ils sont le produit d'un remaniement postérieur, ayant pour but de donner du jour ou de l'espace, comme cela arrive le plus communément.

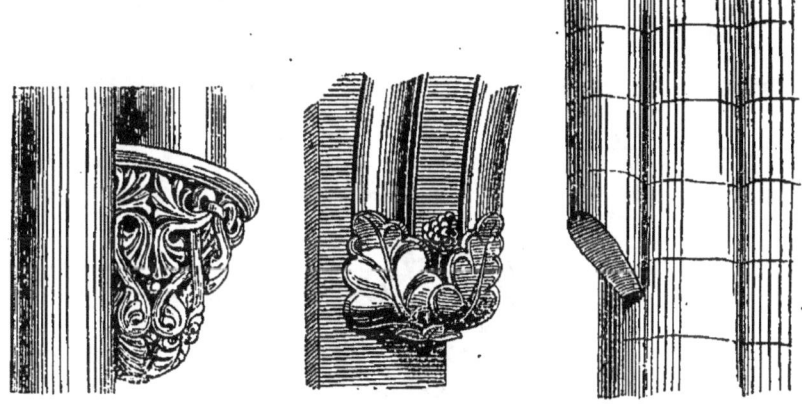

La colonne peut être simple ou composée.

Elle peut être ronde[A] ; munie d'une arête mousse [B] ou aiguë[C] ; elliptique[D] ; carrée [E] (et alors elle prend le nom de pied-droit) ; rectangulaire et engagée dans la muraille (et alors elle s'appelle pilastre[F]) ; ou prismatique [G].

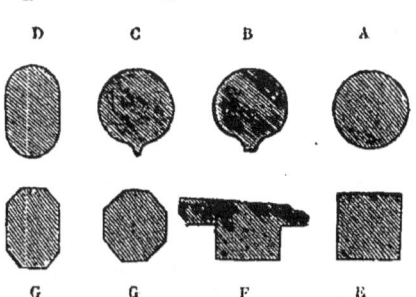

Sa base peut reposer immédiatement sur le sol ou être portée sur un socle et entourée d'une plinthe.

Cette base peut être formée ou décorée, soit de figures humaines, soit de représentations d'animaux et en particulier de lions (surtout dans les portails ou les porches), soit d'ornements courants.

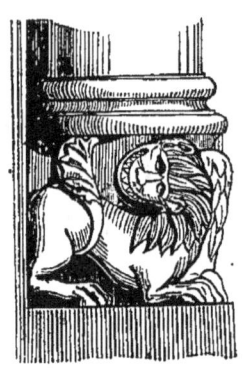 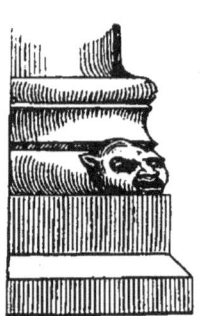

Elle peut encore être munie ou non d'appendices en forme de pattes ou de feuilles aux quatre angles du socle.

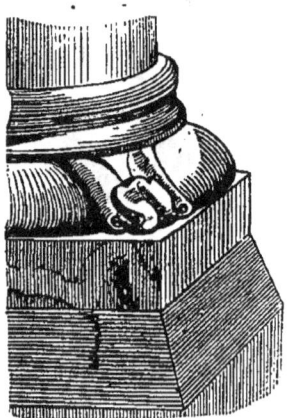

Considéré sous le rapport de sa forme, le fût peut être fuselé[A], renflé[B], en balustre[C], cylindrique[D] ou conique[E].

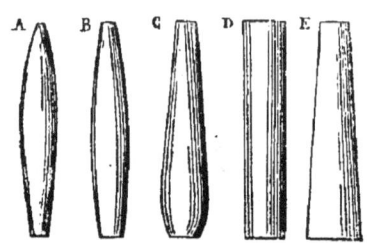

Sous le rapport de sa disposition., il peut être simple[A], croisé[B], entrelacé[C], brisé[D], noué[E] ou annelé à divers points de sa hauteur[F].

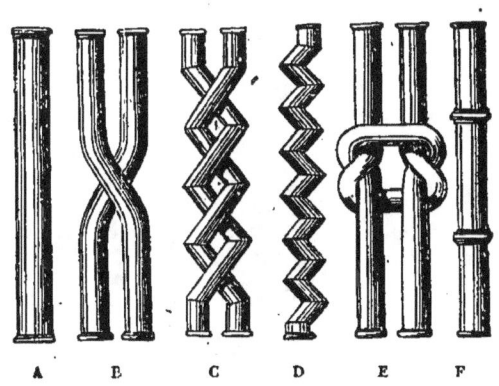

Sous le rapport de sa surface,. il peut être lisse, cannelé avec ou sans rudentures [A], verticalement, horizontalement ou en spirale[B]; losangé[C], strié, gaufré[D], chevronné[E], contre-chevronné[F], tordu; rubanné, imbriqué[G] et contre-imbriqué, natté, godronné [H],

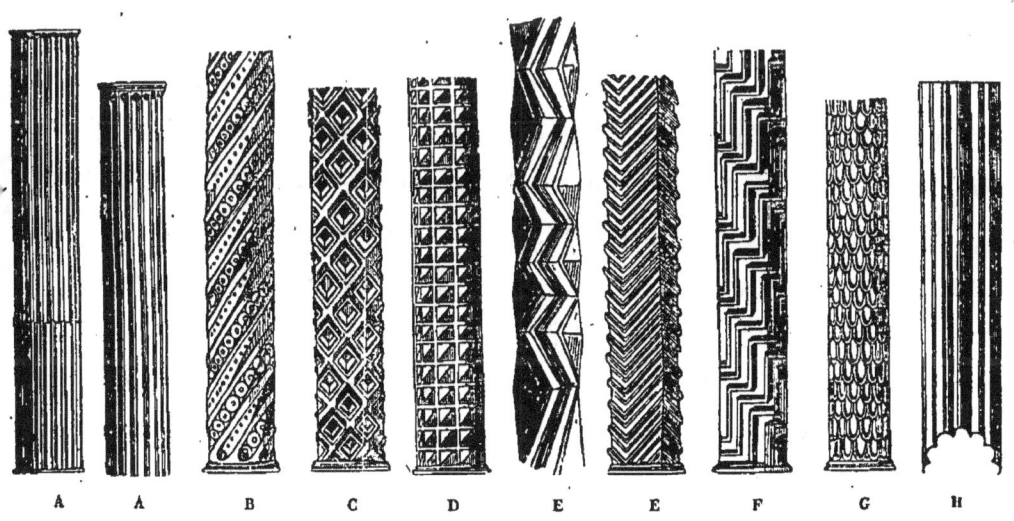

fretté, chargé d'enroulements, d'entrelacs, d'animaux ou de personnages rampant autour de lui, ou d'une figure humaine engagée ; il peut même être remplacé par cette figure.

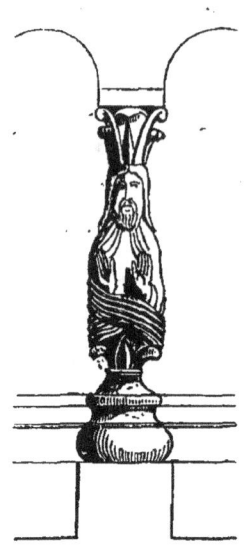

Quoique les colonnes romane et gothique ne soient pas assujetties à des proportions rigoureuses, on devra toujours indiquer le rapport du diamètre du fût ou de ses diverses parties, s'il n'est pas cylindrique, avec sa longueur.

Dans certaines contrées du royaume où l'architecture antique n'a jamais été complétement perdue de vue, on trouve la colonne corinthienne plus ou moins exactement reproduite par les artistes du moyen âge. Souvent, au lieu du type classique, ils en ont adopté constamment la variété qu'ils avaient plus particulièrement sous les yeux dans les monuments du pays, de manière à former ainsi de petites écoles locales, reconnaissables à ce caractère. C'est par une circonstance de ce genre que le pied-droit et le pilastre cannelés avec rudentures dominent exclusivement dans les églises de Vienne et de tout le territoire d'Autun.

Partout ailleurs même, excepté quelques exemples très-rares de formes ioniques ou doriques, le chapiteau du moyen âge

se compose ordinairement d'une corbeille et d'un tailloir, de
manière à rappeler d'une manière plus ou moins fidèle les
formes corinthiennes ou composites de l'architecture antique.

La corbeille peut être cylindrique[A B], cubique[C D], conique[E]

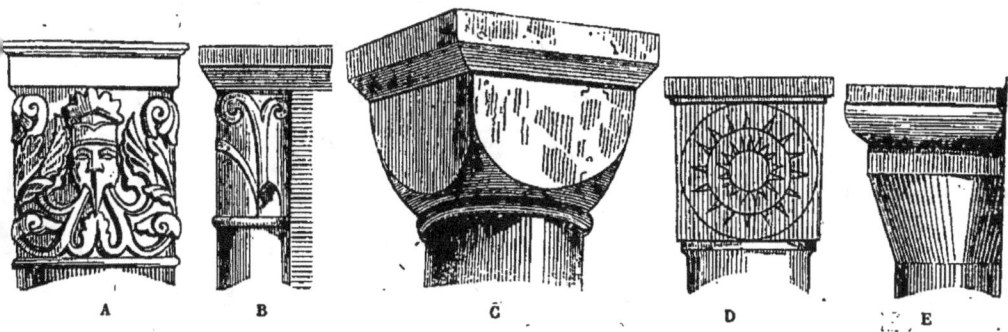

(en cône tronqué et renversé), cordée [F] (en cœur), pyramidale[G H] (en pyramide tronquée et renversée), urcéolée [I] (res-
serrée un peu au-dessous de son sommet), campanulée[J] (en

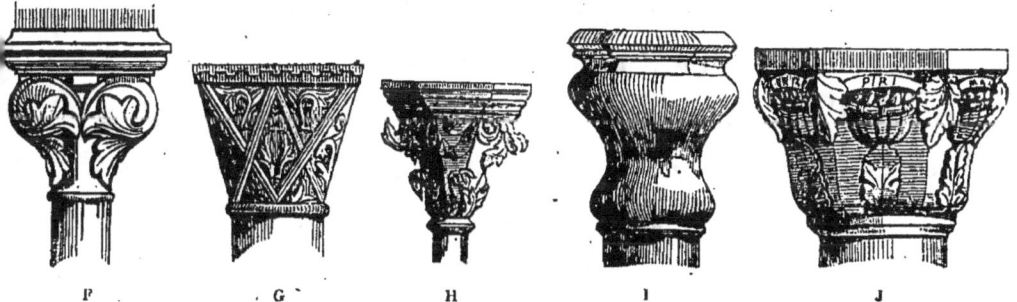

forme de cloche), infundibuliforme [K] (présentant la forme
d'un entonnoir ou d'une corbeille proprement dite, à bords
plus ou moins évasés); godronnée[L], scaphoïde[M].

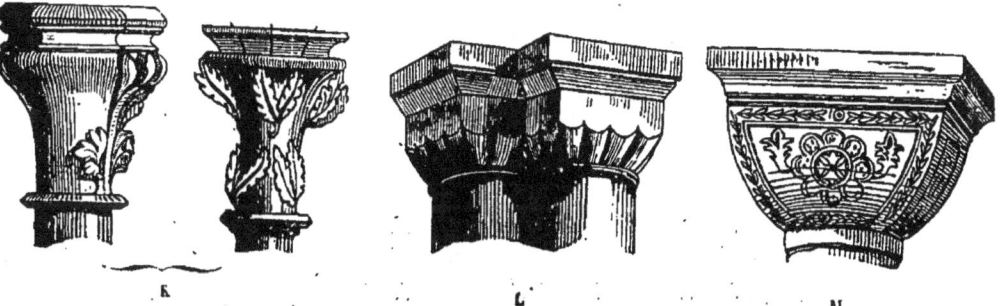

La décoration du chapiteau peut appartenir à la peinture ou à la sculpture, ou, comme cela arrive souvent, à l'une et à l'autre à la fois. Quand il est resté lisse, cette circonstance indique quelquefois que l'on a eu l'intention d'y employer la peinture exclusivement. Il faut distinguer ce chapiteau de celui qui a été gratté après coup, aussi bien que de celui qui n'est qu'épannelé, c'est-à-dire où les masses d'ornement ont été réservées dans l'attente d'un travail de ciseau qui n'aura pas eu lieu.

On rencontre encore des chapiteaux où l'ornementation de sculpture, quelquefois la plus délicate, a été recouverte de plâtre pour faire place à des peintures. C'est ordinairement au XIII<sup>e</sup> siècle qu'a eu lieu cette substitution de la couleur à la forme.

En général, toutes les fois qu'on trouvera du plâtre ou du badigeon sur un point susceptible de décoration, on devra s'assurer de ce qui peut exister dessous.

Quand l'ornement de la corbeille appartiendra à la sculpture, outre les caractères provenant de son exécution plus ou moins délicate, plus ou moins fouillée, il sera nécessaire d'examiner si cet ornement se détache en plein relief de sa surface, s'il y est engagé ou s'il est pris à même sa masse, de manière que son contour y soit évidé en creux.

Cet ornement peut se composer d'objets empruntés à la figure humaine, au règne animal, au règne végétal, à l'économie domestique, la parure, la broderie, la passementerie, la sparterie, etc.

La figure humaine paraît s'être introduite dans cette partie de la colonne par la substitution d'un personnage complet au masque antique qui forme quelquefois le fleuron du chapiteau corinthien.

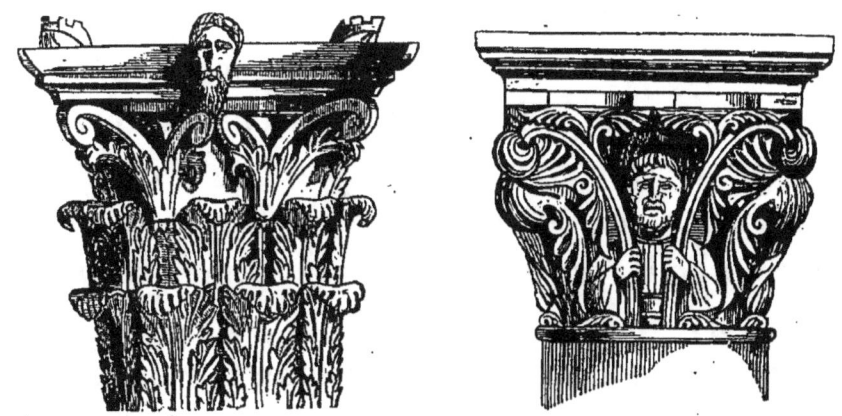

Elle y présente quelquefois des scènes historiques ou religieuses, avec ou sans inscriptions explicatives, et alors on dit que le chapiteau est historié.

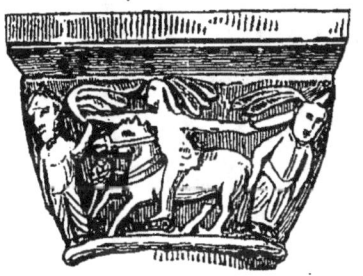 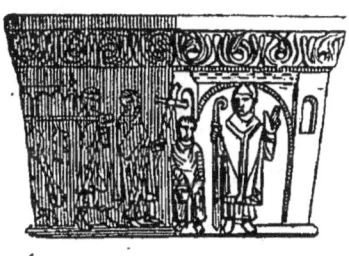

Il est symbolique, quand les figures, avec ou sans mélange d'animaux, annoncent une intention symbolique, soit qu'on ait réussi ou non à en saisir le sens.

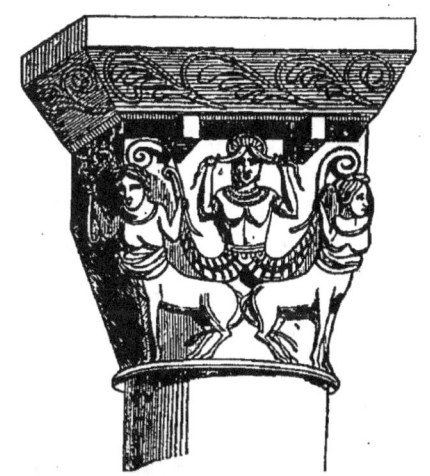

Enfin la composition peut être purement de caprice, quand ces figures sont groupées dans une simple combinaison de fantaisie ou d'ornementation.

Toutes les fois que des démons se rencontreront parmi ces personnages, on devra indiquer s'ils sont figurés avec des masques sur le visage ou d'autres parties du corps; sous la forme de Pans, avec un visage humain barbu, des cornes et des pieds de bouc; ou enfin sous une forme purement animale ou monstrueuse.

Dans les églises romanes, les personnages ou les groupes sont souvent destinés, surtout à l'extérieur, à montrer les vices et les crimes dans toute la difformité de leur physionomie et de leurs actes, ou bien déjà soumis aux châtiments que leur infligeait la théodicée bizarre et raffinée du moyen âge. Lors même que ces figures offensent la pudeur, on y reconnaît, sinon toujours une intention sérieuse et morale, au moins ordinairement l'absence de cet esprit hostile contre les ministres du culte, dont l'affaiblissement du sentiment religieux amena si souvent la manifestation, quelques siècles plus tard, dans la décoration des églises.

Quand l'ornement des chapiteaux appartient au règne animal, il faut distinguer soigneusement si les animaux représentés sont indigènes, exotiques, monstrueux ou fantastiques. Dans les deux premiers cas, on devra citer les espèces, toutes les fois qu'elles pourront être reconnues avec quelque certitude. Dans le troisième, on devra également signaler celles qui seront entrées dans la composition des monstres, lorsqu'elles seront suffisamment caractérisées. Les animaux exotiques sont ordinairement empruntés à l'Orient, et il est rare que les animaux fantastiques ne proviennent pas aussi de quelque tradition mythologique, superstitieuse ou fabuleuse de l'Orient.

Quelquefois la corbeille ou même le chapiteau entier sont remplacés par une figure d'homme ou d'animal, supportant le tailloir, l'archivolte ou l'imposte.

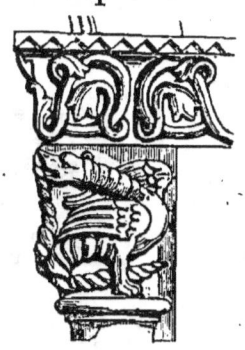

Les objets appartenant au règne végétal qui figurent le plus souvent sur les chapiteaux sont les feuilles, les fleurs et les fruits. Les premières feuilles qu'on y rencontre sont la feuille d'eau, imitée de l'antique;

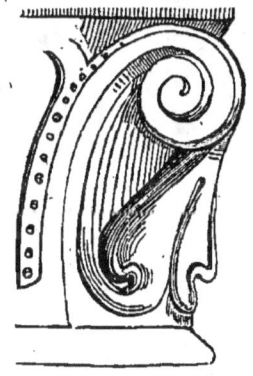
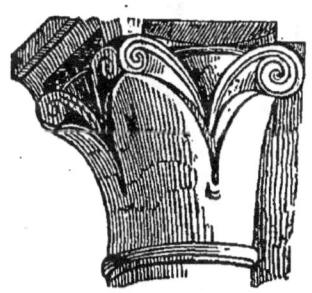

puis les palmettes, la feuille bordée de perles, et d'autres types appartenant, soit à la flore, soit à la décoration orientale.

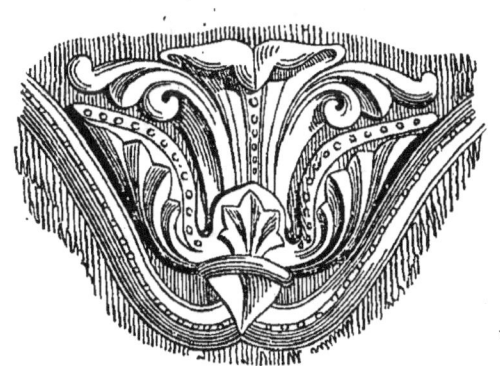

C'est au XIIIᵉ siècle que commence à s'y introduire l'imitation des feuilles indigènes. Les premières en date sont souvent
digitées, palmées ou ternées; on reconnaît celles de lierre^, de

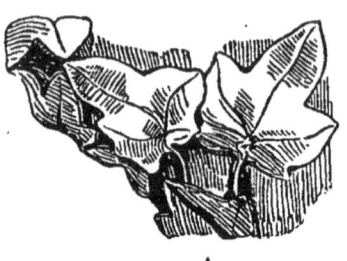

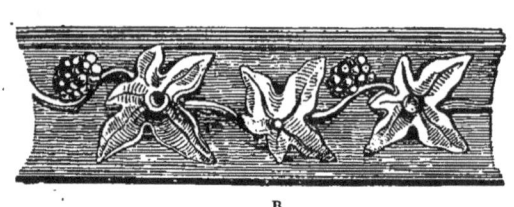

vigne vierge^, de vigne^, de quintefeuille^, de nénuphar, de
bouton d'or (*ranunculus acris*), de chêne^, de fraisier, de ro-

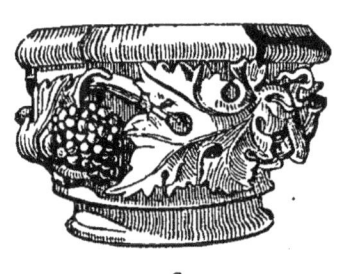

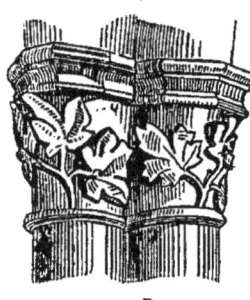

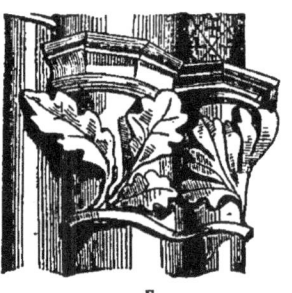

seaux; puis les formes incisées, laciniées, lyrées, runcinées
lobées, sinuées, frisées, pinnatifides; la mauve frisée, le chou^

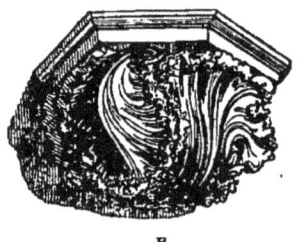

le chardon, le houx, la chicorée. Ici encore on devra signaler
toutes les espèces que l'on pourra distinguer avec quelque
certitude, et toutes les formes que la nomenclature de la bota-
nique permettra d'indiquer avec précision. Les observateurs
étrangers à l'étude de l'histoire naturelle pourront consulter à
ce sujet quelque médecin ou quelque pharmacien du lieu.

Un chapiteau très-gracieux, qui se rencontre souvent dans le midi de la France, consiste en une longue feuille, repliée à plusieurs reprises en boule sur elle-même.

Parmi les fleurs, nous citerons la rose, employée avec prédilection dans les églises placées sous l'invocation de la Vierge;

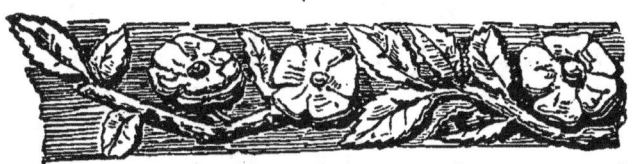

parmi les fruits, les raisins et la pomme de pin ; parmi les objets empruntés à la toilette, les perles et les godrons.

Le chapiteau de petite dimension conserve ordinairement ses quatre cornes très-visibles jusqu'à la fin du XIII siècle;

il devient au XIV infundibuliforme (en entonnoir), orné de deux rangs de feuilles, dont l'inférieur se détache quelquefois au point de le faire paraître double; au XV, il raccourcit de plus en plus jusqu'à ce qu'il s'efface complétement, et puis soit remplacé au XVI par le retour aux types classiques.

La colonne et le chapiteau de grande dimension ne suivent pas exactement les mêmes phases. Après s'être montrés au XI siècle avec une corbeille chargée de quelques fleurons simples et d'une exécution pesante, ils présentent au XII, sinon une grande pureté de formes et de proportions, au moins fort souvent un goût exquis dans le choix et l'exécution de l'ornementation de la corbeille. Dès cette époque on les trouve souvent employés dans une portion de l'église pour faire contraste avec celle qui porte sur des piliers composés. Au XIIIe siècle il y a déjà un déclin sensible dans la décoration de la corbeille, le plus souvent cylindrique et hérissée de ces développements végétaux en crosse, auxquels on a abusivement donné jusqu'ici le nom de *crochet*.

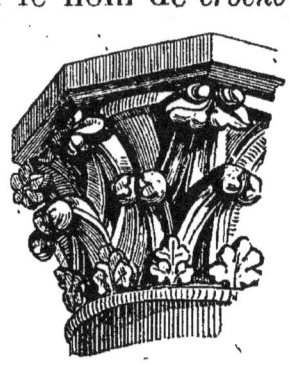

Au XIVe elle raccourcit et présente deux étages de feuilles frisées sous un tailloir qui a passé de la forme carrée à l'octogone. Au XVe ce tailloir s'arrondit sur une corbeille de plus en plus chétive et méconnaissable, jusqu'à ce que l'une et l'autre finissent par disparaître entièrement.

Le tailloir ne doit pas être examiné avec moins de soin que la corbeille. A ce que nous venons de dire des diverses formes successivement imprimées à son contour, nous devons ajouter qu'avant l'époque où il affecte la forme carrée, ce contour se compose de quatre faces concaves, soit que la concavité résulte d'une courbe ou de lignes droites brisées.

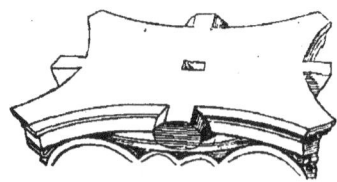

Il sera indispensable de tenir compte de sa proportion, du

profil vertical ou en retraite de sa tranche, des diverses pièces dont il est quelquefois formé, des inscriptions qu'il peut porter, et enfin de son ornementation souvent assez compliquée.

Dans les combinaisons que les colonnes présentent deux à deux, elles peuvent être doublées (l'une derrière l'autre), accouplées (placées de front) ou en retraite (diagonalement l'une par rapport à l'autre).

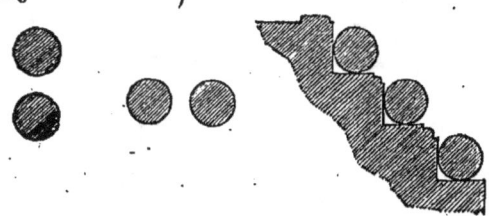

Quelquefois ces groupes de colonnes supportent en commun un véritable entablement.

1. *Amortissement.* L'amortissement peut être rectiligne ou curviligne.

L'amortissement rectiligne peut être en mitre ou en encorbellement.

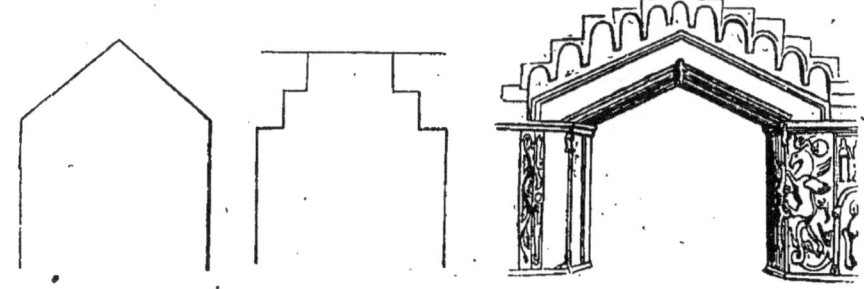

L'amortissement curviligne, est, comme nous l'avons déjà dit, l'arcade.

2. *Arcade.* L'arcade peut être simple ou composée. Dans ce dernier cas, elle est ordinairement trilobée (formée de trois lobes ou divisions distinctes); elle peut encore être complète ou incomplète, c'est-à-dire dépourvue de tout ou partie de l'un de ses côtés; l'arcade incomplète se rencontre surtout

dans les collatéraux et les arcs boutants; elle prend le nom d'arc rampant.

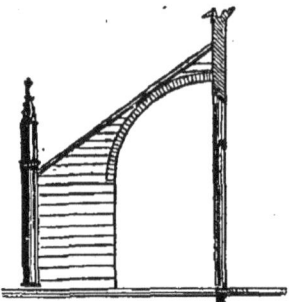

L'arcade romane est celle qui est engendrée par un seul arc de cercle; l'arcade gothique résulte de deux arcs au moins, formant un angle à leur sommet.

On doit distinguer quatre espèces d'arcades simples appartenant à l'architecture romane, savoir : 1° l'arcade romane surbaissée, formée d'un arc moindre que le demi-cercle;

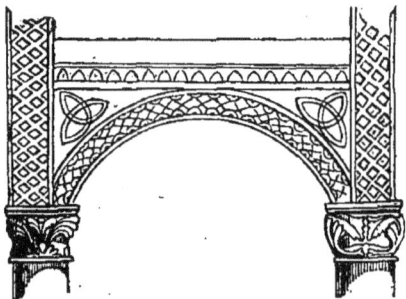

2° l'arcade semi-circulaire ou à plein cintre, dont le nom indique suffisamment la forme, et qui est le type habituel dans l'architecture qu'elle caractérise;

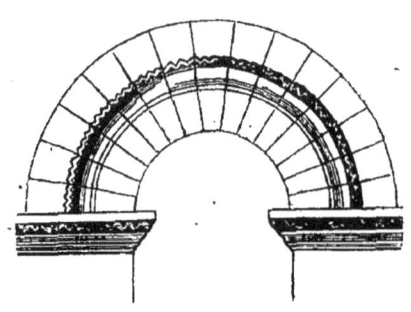

3° l'arcade romane en fer à cheval, formée d'un arc dont la courbure se prolonge au delà du demi-cercle;

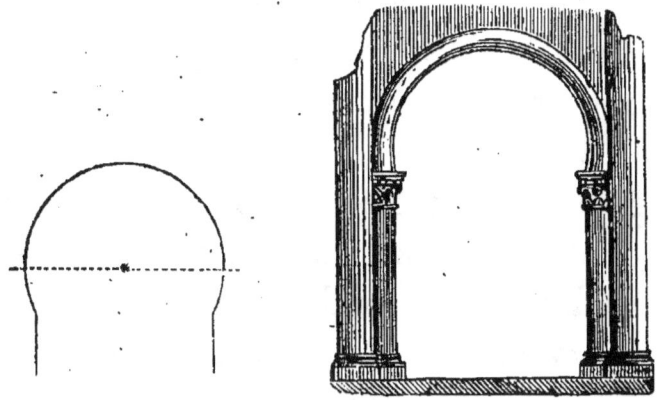

4° l'arcade romane surhaussée, formée d'un arc semi-circulaire, dont les côtés se prolongent parallèlement au-dessous de son centre,

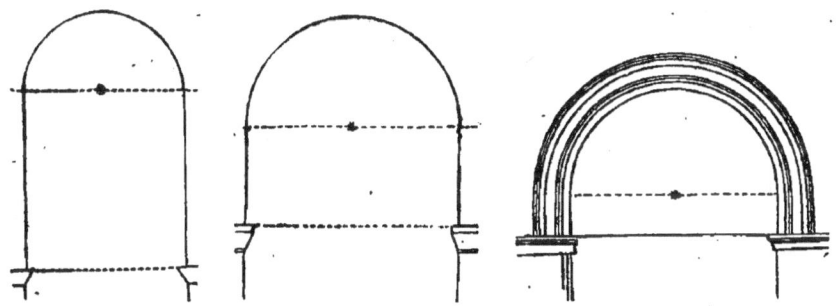

et, enfin, une seule espèce d'arcade composée; savoir l'arcade trilobée romane.

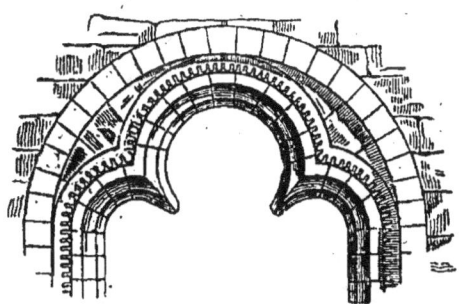

Quelquefois les deux premières de ces arcades, et la troi-

sième, qui est d'origine bysantine, sont employées concur-
remment dès le XI<sup>e</sup> siècle ; la quatrième appartient plus particulièrement au XII<sup>e</sup>, et se rencontre surtout dans les chevets et
autres portions de l'église où les supports sont accidentellement rapprochés ; la cinquième est aussi ancienne que les
trois premières.

L'arcade gothique simple peut présenter jusqu'à sept formes
différentes, dont les cinq premières existent dès le XII<sup>e</sup> siècle,
et les deux dernières au XV<sup>e</sup> seulement.

La première de toutes en date offre ce qu'on peut appeler
un plein-cintre brisé : c'est l'arcade gothique évasée, dont les
arcs ont leurs centres placés en dedans de son contour, et
quelquefois si près l'un de l'autre, qu'il faut l'examiner avec
beaucoup d'attention pour apercevoir la brisure presque in-
sensible qui la distingue du plein-cintre roman.

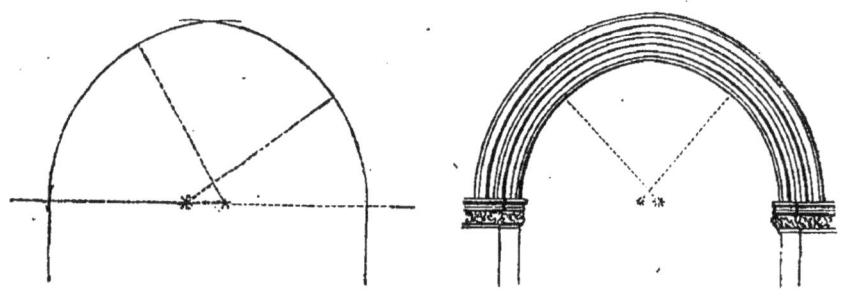

Immédiatement après on trouve l'arcade gothique aiguë,
dont les arcs ont leurs centres en dehors de son contour ;

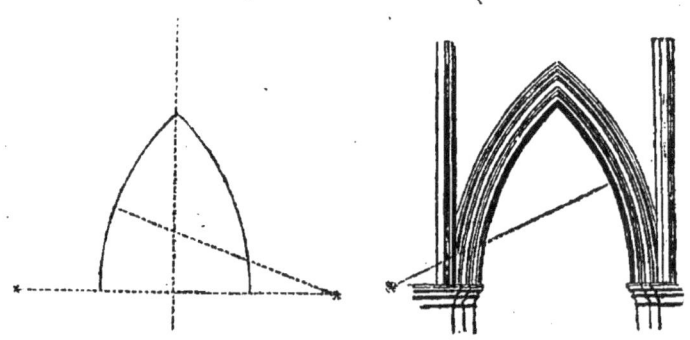

puis l'arcade à tiers-point, dont les centres, placés à ses deux extrémités inférieures, forment un triangle équilatéral avec le point d'intersection ;

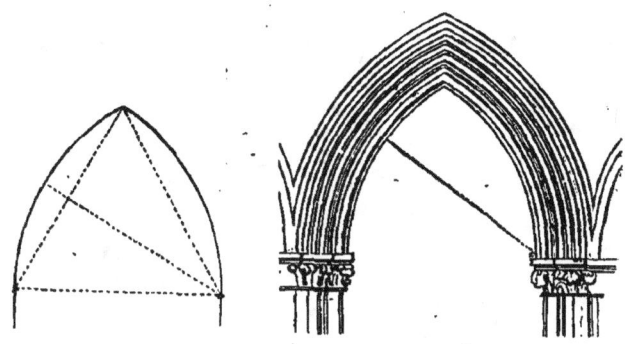

l'arcade lancéolée, formée de deux arcs, dont la courbure se prolonge jusqu'au-dessous de la ligne des centres ;

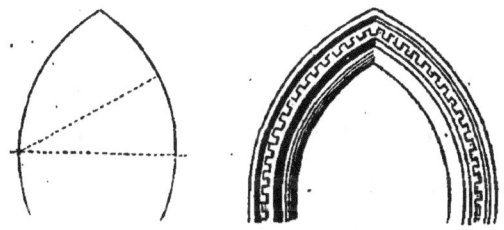

et, enfin, l'arcade gothique surhaussée, dont les arcs dépassent, comme ceux de la précédente, la ligne des centres, mais en prenant une direction parallèle.

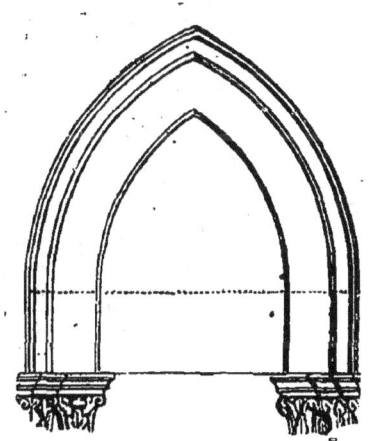

Les deux formes particulières au xv<sup>e</sup> siècle sont : l'arcade gothique prolongée, dont les arcs s'étendent aussi au delà de la ligne des centres, mais en prenant une courbe différente et beaucoup plus longue ; et l'arcade gothique surbaissée, dont les arcs ne descendent pas jusqu'à la ligne des centres.

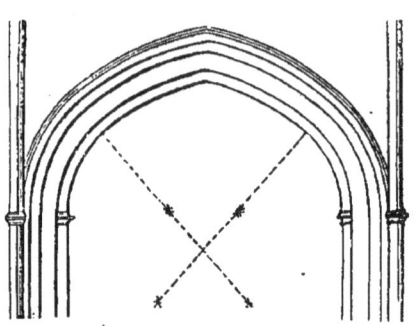

L'arcade trilobée quitte en même temps que l'arcade simple, c'est-à-dire au xii<sup>e</sup> siècle, la courbe semi-circulaire pour prendre la courbe gothique. On la trouve souvent inscrite dans une arcade romane ; puis, plus tard, dans une arcade gothique ; puis, enfin, contournée et dénaturée dans les lignes flamboyantes du xv<sup>e</sup> siècle.

C'est à une époque postérieure au xii<sup>e</sup> siècle que s'introduit l'arcade à contre-courbure, formée de deux arcs convexes placés au-dessous de la ligne des centres ;

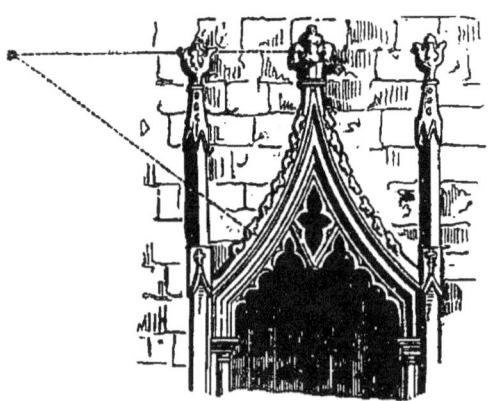

puis l'arcade en talon, formée de quatre arcs, dont les deux supérieurs sont à contre-courbures comme les précédents, et les inférieurs à courbure ordinaire,

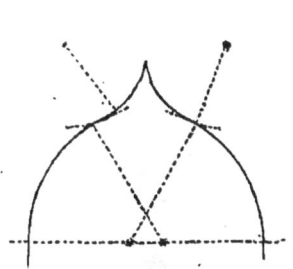 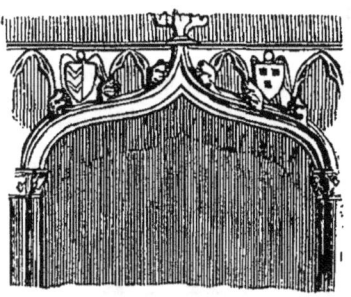

et l'arcade en doucine, formée pareillement de quatre arcs, mais dont les supérieurs sont au contraire concaves, à sommet brisé ou arrondi, et les inférieurs convexes. Ces deux dernières formes n'ont été employées en grand qu'au xv⁰ siècle.

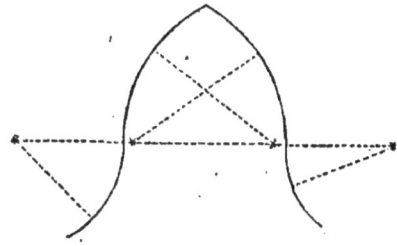

Il en est de même de l'arcade en anse de panier, formée d'un arc très-surbaissé, flanqué d'arcs d'un rayon beaucoup plus court à ses deux extrémités, qui, dans les constructions supérieures au sol, ne parut guère avant cette époque.

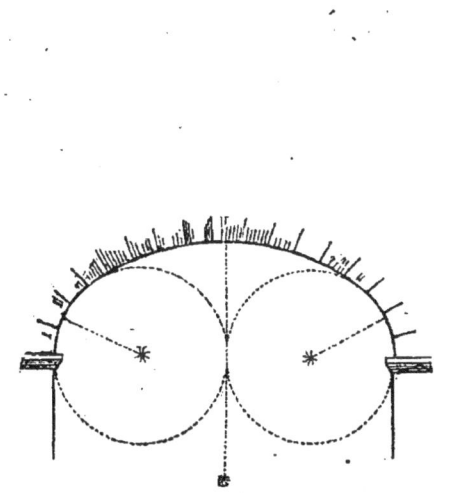 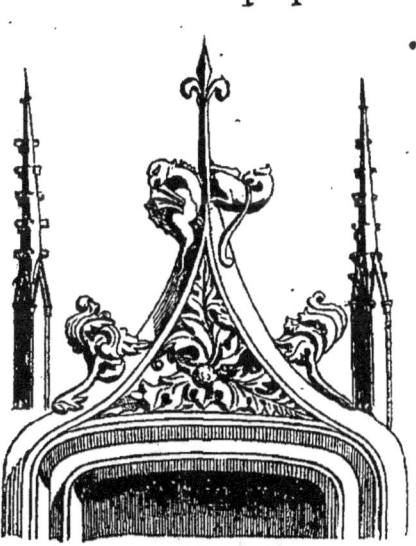

Il ne faut pas la confondre avec la baie rectangulaire ou carrée à angles arrondis en arc, qui n'en diffère qu'en ce point que ses arcs latéraux sont réunis par un linteau ou plate-bande rectiligne, au lieu de l'être par un arc surbaissé.

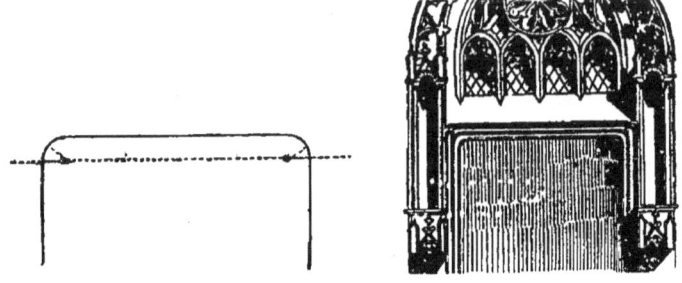

L'arcade en anse de panier normale offre pour courbe génératrice l'ellipse prise dans le sens de son grand diamètre.

A partir de la renaissance, l'arcade est toujours ou surbaissée, ou semi-circulaire, ou semi-elliptique.

Les claveaux de l'arcade peuvent présenter, soit une alternance de couleurs, soit une alternance de saillie;

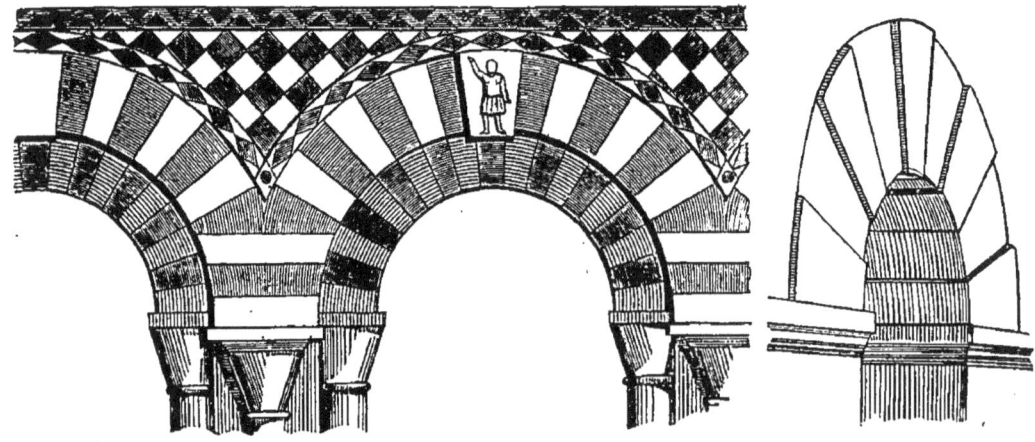

leur coupe, leur combinaison, l'épaisseur et le profil de leurs joints sont encore dignes d'examen. Dans certaines contrées on les trouve souvent disposés sur deux rangs engrenés; leur

intrados peut être découpé plus ou moins profondément,
soit en dents de scie aiguës ou mousses,

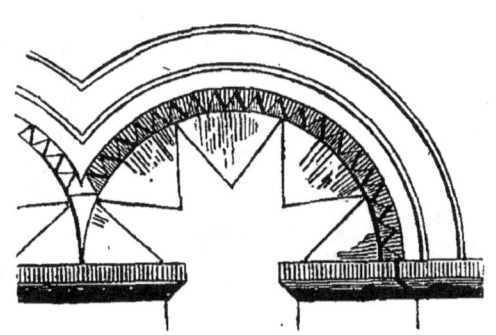

soit en lobes arrondis, ou en contre-lobes.

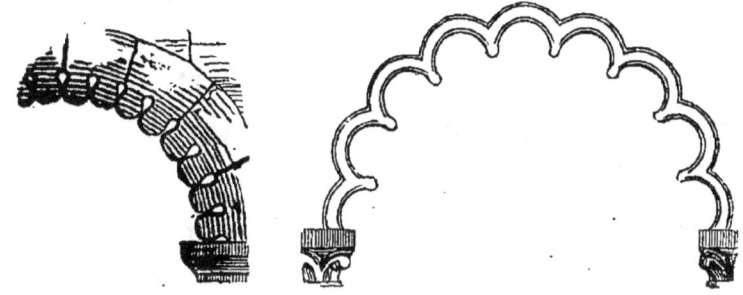

Au xvᵉ siècle il se prolonge en légères contre-arcatures découpées à jour.

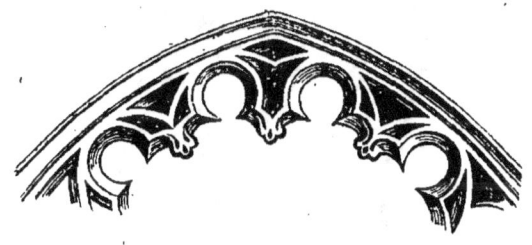

D'abord simple et plat dans l'arcade gothique, comme dans
l'arcade romane, il se décore, soit d'un ressaut, soit d'un tore
ou boudin; celui-ci se subdivise ensuite en plusieurs cordons
ou nervures ordinairement placés en retraite, d'abord toujours

saillants; puis bientôt poussés en creux en même temps qu'en relief à mesure que le support se complique lui-même.

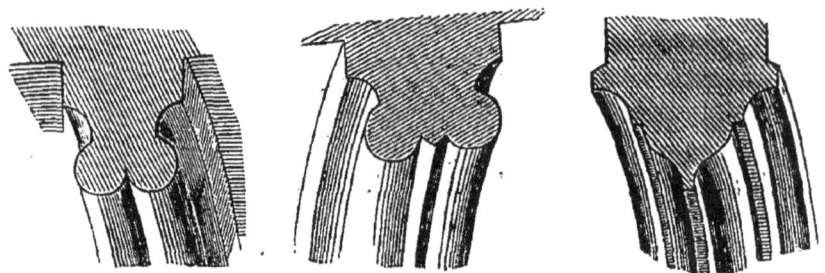

Ces nervures prennent une première arête, tantôt mousse et tantôt aiguë, puis plusieurs; enfin, à l'époque de la suppression du chapiteau, elles descendent jusqu'à terre ou viennent mourir sur les tambours du support.

3. *Archivolte.* L'archivolte est la décoration dont l'arcade est bordée; elle peut être simple ou multiple, et, dans ce dernier cas, les archivoltes secondaires dont elle se compose sont placées en retraite sur un pareil nombre de cintres. Il faudra remarquer si cette retraite a lieu par ressauts réguliers et égaux, pris à même le plein de la muraille.

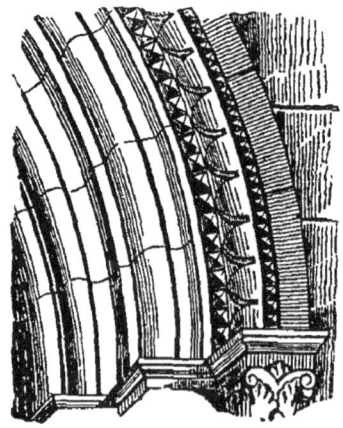

L'archivolte repose toujours sur le tailloir du chapiteau, sur une imposte, sur un entablement ou sur une console.

L'ornementation de l'archivolte commence, dans le Nord,

par le tore simple[A], tordu[B], ondulé[C], guivré[D], chevronné[E],

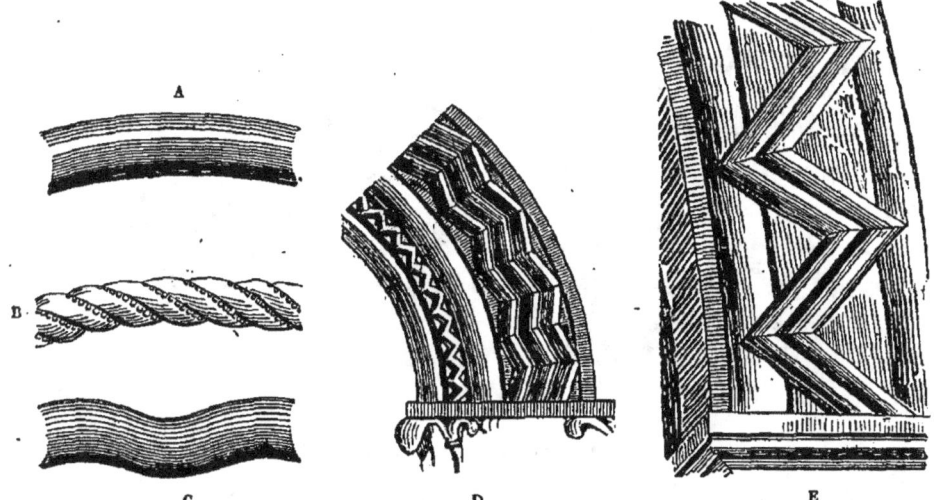

contre-chevronné[F] ou rompu[G], les méandres[H], les fleurons

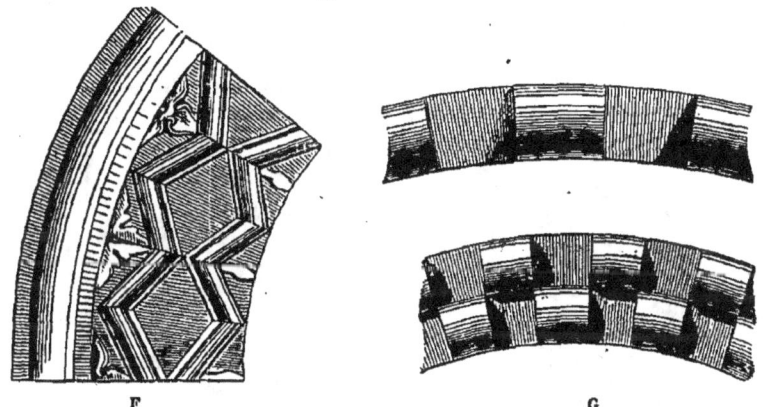

détachés[I], les pointes de diamant[J], les têtes de clou[K], les

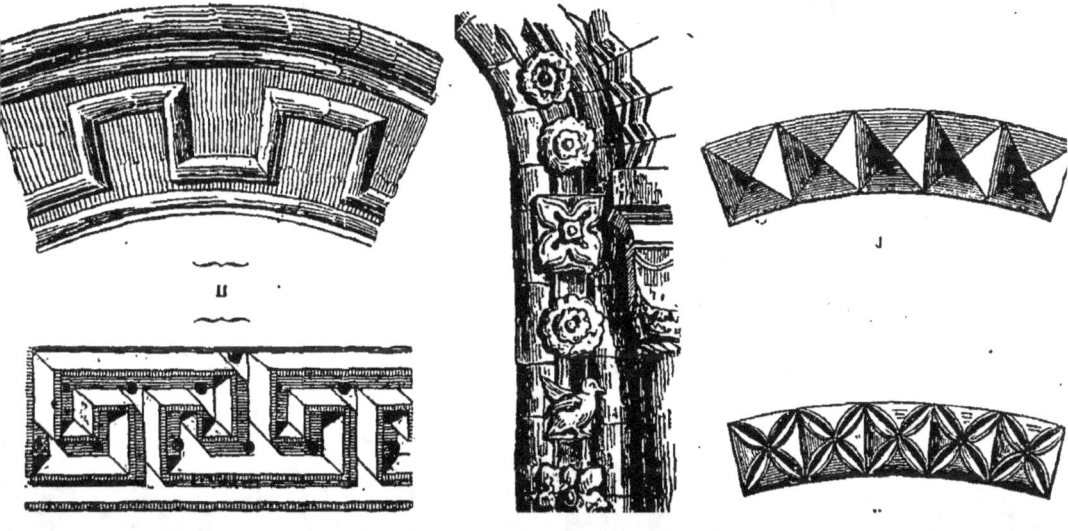

rosettes, les becs d'oiseaux, les masques et autres objets tou-

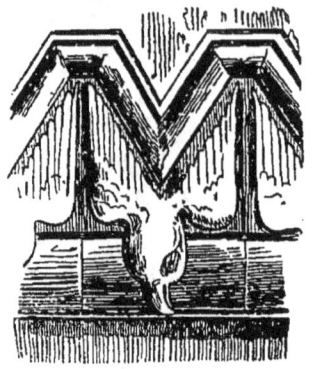
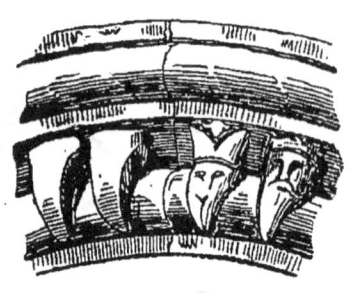

jours en relief, dont il est plus facile de donner l'idée, au moyen d'un croquis, que de les assujettir à une classification complète et méthodique. Au XII$^e$ siècle, arrivent les enroule-ments[A], les entrelacs[B],

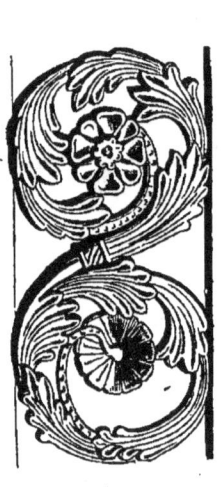
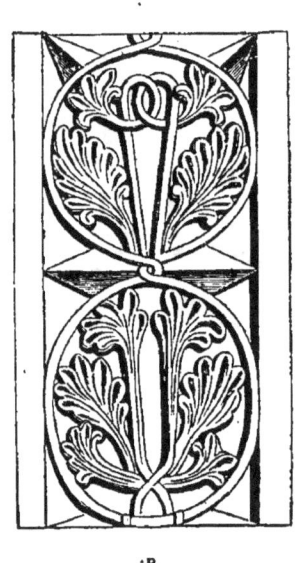

A         ·B

les rinceaux, les dessins courants, les feuillages, que le XIII$^e$ porte à toute leur perfection; c'est lui qui commence à cher-cher les modèles de ces derniers dans la flore indigène, aussi bien qu'à border l'archivolte de trèfles et quatrefeuilles en creux, et à orner son contour extérieur de crosses et autres

expansions végétales. Au xɪvᵉ, elle participe à la sécheresse et
à l'uniformité de l'ornementation générale aussi bien qu'à sa
nature purement indigène. Au xvᵉ siècle, toutes les formes végétales riches et compliquées que nous avons indiquées ci-dessus, à
l'article du chapiteau, comme caractérisant cette époque, appartiennent encore davantage à l'arcade, et viennent se développer par groupes ou isolément dans sa masse, dans les épanouissements latéraux dont elle est bordée,

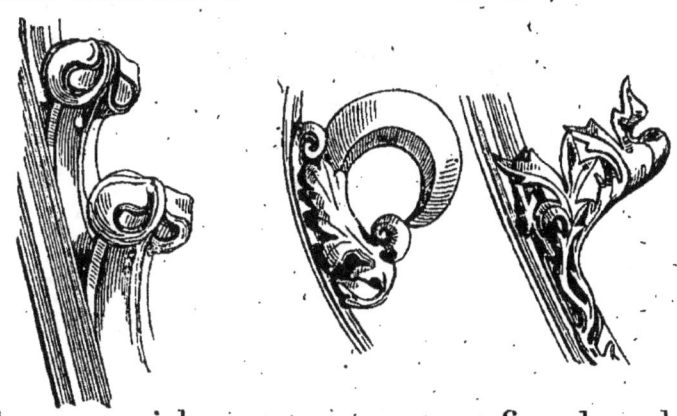

dans le fleuron qui la couronne, et, enfin, dans les pignons
plus ou moins aigus et flamboyants qui la circonscrivent,
jusqu'à ce que la renaissance vienne proscrire tout ce luxe de
végétation pour y substituer les moulures empruntées à l'architecture antique.

D. On n'observe de véritable entablement, au moyen âge,
que dans ces monuments du midi de la France dont les constructeurs n'ont jamais entièrement perdu le souvenir des types
classiques ; encore la mauvaise proportion des profils et l'oubli
de quelque partie importante trahissent-ils toujours le peu
de savoir et d'habileté de l'imitateur.

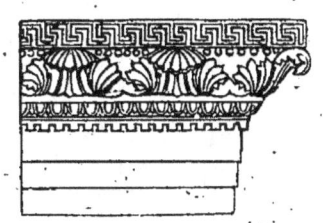

Nous ne pensons pas que les saillies correspondantes du sommet de la muraille, dans les édifices romans et gothiques, puissent être sans inconvénient réunies sous le même nom, et nous préférons les désigner sous celui de couronnement. Le plus ancien de ces couronnements consiste ordinairement en une corniche plate ou arrondie, souvent même richement décorée, supportée par des modillons d'une forme particulière, représentant l'extrémité saillante des solives du plafond de la basilique primitive.

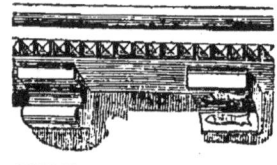

On a donné le nom de *corbeaux* à ces supports souvent carrés ou rectangulaires, et se terminant par une partie ornée, qui offre, tantôt des têtes ou des figures complètes d'hommes ou d'animaux, tantôt la représentation des objets les plus divers et les plus bizarres, quelquefois même les plus inconvenants. Ordinairement ces corbeaux, en s'éloignant de leur type parallélipipède primitif, s'évident à leur partie inférieure par une échancrure plus ou moins caractérisée, plus ou moins heureusement motivée, de manière à se rapprocher plus complétement de la forme du modillon ou de celle de la console.

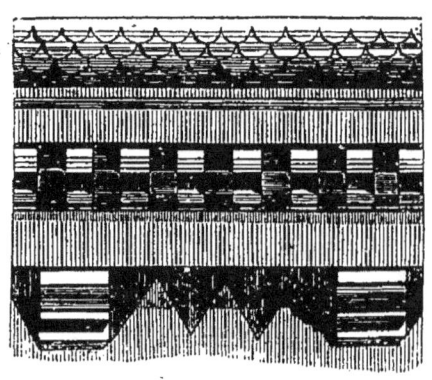

Quelquefois, et surtout dans les églises de la Bourgogne et de la Champagne, on remarque qu'ils sont amincis *en dépouille* vers leur extrémité.

L'ornementation des corbeaux, souvent très-variée, devra être décrite avec soin aussi bien que celle de la corniche; cette dernière perd souvent sa direction purement horizontale pour se découper en arcatures d'abord rectangulaires ou semi-circulaires, puis bientôt pointues ou trilobées; d'abord sans complication, puis bientôt avec contre-arcatures et contre-corbeaux; tantôt tout ce système de couronnement repose sur de légers pieds-droits, pilastres ou ressauts; tantôt ces supports alternent avec des corbeaux.

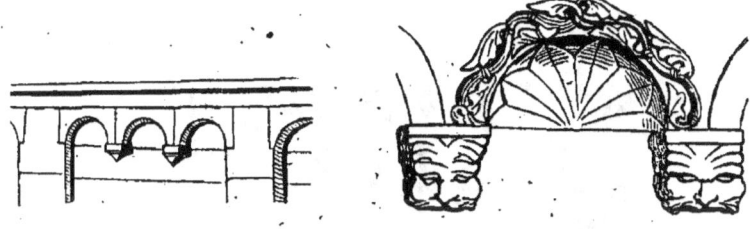

Quand les corbeaux supporteront le couronnement d'un pignon ou d'un fronton, il faudra examiner s'ils suivent l'inclinaison du rampant ou s'ils sont perpendiculaires à l'horizon.

Le plus souvent chaque arcade est munie d'un corbeau; quelquefois, enfin, les arcades pourvues de corbeaux alternent avec d'autres qui en sont dépourvues. De même qu'on trouve ainsi des arcades sans corbeaux, on peut également rencontrer, soit plusieurs rangs superposés de corbeaux et de modillons, soit des corbeaux sans arcades et même sans couronnement, qu'il faut distinguer de ces harpes ou pierres d'attente destinées à former liaison avec une continuation postérieure de la muraille, aussi bien que d'autres pierres saillantes engagées dans la maçonnerie, et de la destination desquelles il est quelquefois fort difficile de rendre compte.

Au-dessous du couronnement règne, dans certains édifices, un ornement horizontal tenant lieu d'architrave; ailleurs des briques, des incrustations, des inscriptions, et, au XIII<sup>e</sup> siècle, des trèfles ou quatrefeuilles en creux

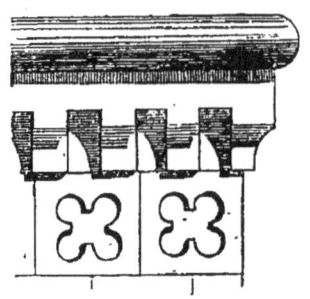

annonçant une intention de frise. Enfin, à ces divers couronnements succèdent, au XIV<sup>e</sup> siècle, un bandeau semé de feuilles indigènes;

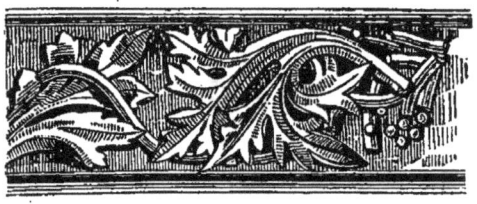

au XV<sup>e</sup>, la guirlande de l'époque;

au XVI<sup>e</sup>, les imitations plus ou moins pures, plus ou moins heureuses de l'entablement antique.

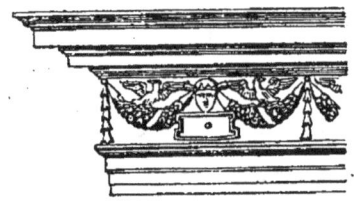

Il existe peu de corbeaux dans les couronnements de l'est et du midi de la France; le plus souvent ils y sont remplacés par de petits modillons supportant de légères arcatures de très-peu de relief; ce couronnement suit la ligne du toit, même le long des pignons; il doit son origine à l'imitation d'arcatures de briques sans saillies, surmontées d'un massif d'autres briques, disposées en *opus spicatum* ou arête de hareng, qui forment le sommet de la muraille dans quelques constructions romaines des bords du Rhin.

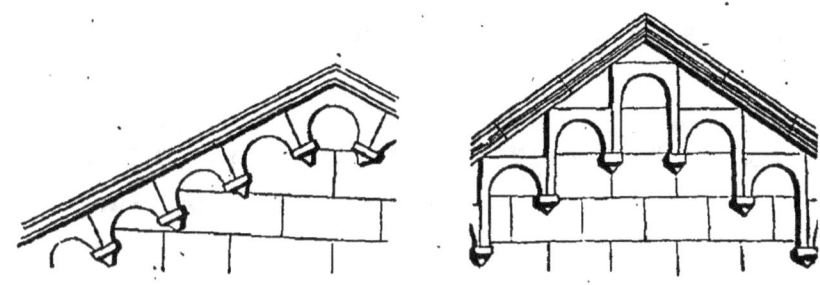

E. Le couronnement porte une couverture en terrasse, en dôme ou à comble; ces divers modes de couvertures, et surtout le dernier, qui est le plus fréquent, doivent donner lieu à l'examen de tout ou partie des points suivants:

1° Les diverses inclinaisons successives du toit dont on pourra trouver la trace;

2° La nature de la couverture actuelle et des couvertures antérieures;

3° La décoration, les dessins, jeux de couleurs, figures en relief et en intailles, inscriptions que peut présenter cette couverture;

4° L'ornement de faîtage en pierre ou en plomb qui en décore quelquefois le sommet, le fleuron ou l'acrotère qui le termine;

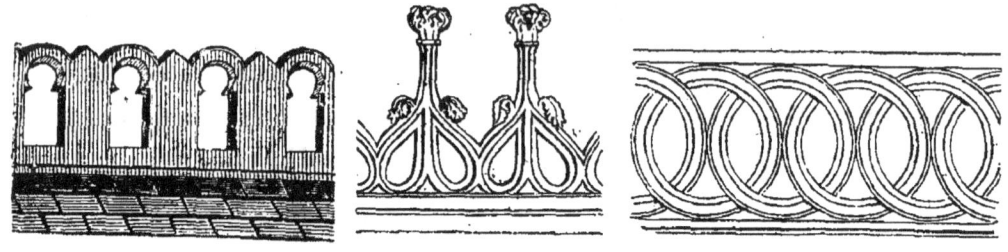

5° Les couvre-joints et leurs antefixes;

6° Les frontons et pignons plus ou moins aigus à leur sommet, souvent flanqués d'autres antefixes de grande proportion;

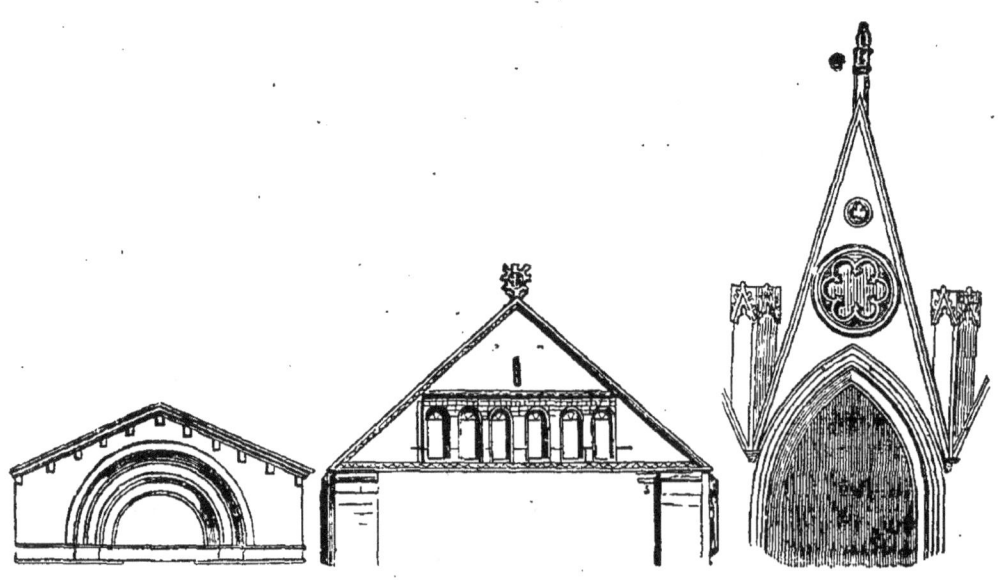

7° Les chéneaux et gargouilles, toutes les fois qu'ils mériteront quelque attention par leur forme, par leur exécution, ou par la présence d'une inscription;

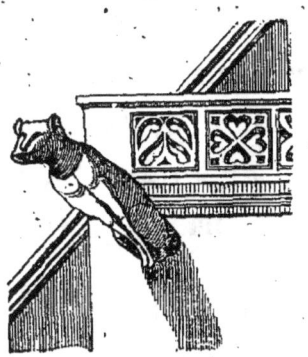

8° Les objets dont la ligne extérieure du chéneau est bordée, et qui sont ou un épanouissement de ce même chéneau (balustrade),

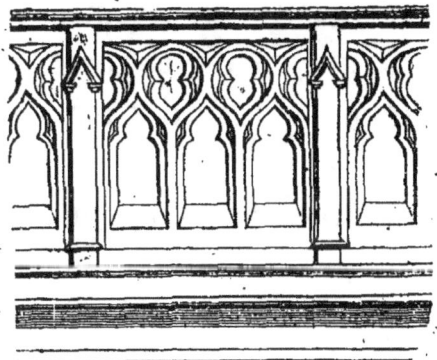

ou une dépendance du toit en terrasse (créneaux),

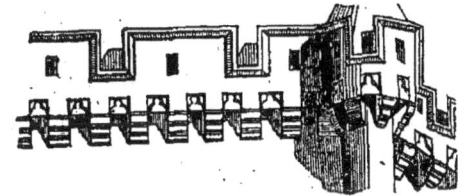

ou un couronnement militaire (machicoulis).

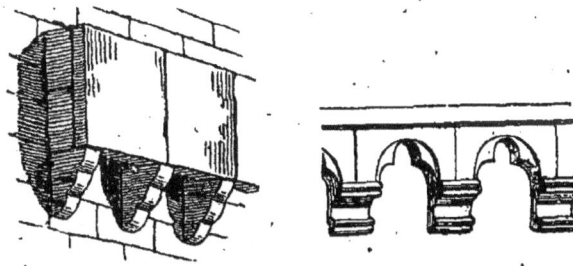

L'ornement de faîtage et la balustrade suivent les révolutions successives de l'ornementation. Il faudra donner la figure ou tout au moins l'indication précise du motif adopté dans leur décoration; aux XVᵉ et XVIᵉ siècles, cette décoration se compose souvent, pour la balustrade, d'une inscription en caractères gothiques gigantesques, dont le texte (ordinairement une antienne ou prière) devra être relevé en entier.

F. Les murailles des églises ont trop de portée, soit à raison de leur hauteur et de leur écartement, soit à cause de la poussée des voûtes substituées aux plafonds de la basilique primitive, pour qu'on n'ait pas senti de bonne heure le besoin de les renforcer de distance en distance; l'architecture romane y avait pourvu au moyen de contre-forts que l'architecture gothique a développés plus tard dans ses arcs et piliers butants.

Les premiers contre-forts sont remarquables par leur peu de saillie; ce sont ou des colonnes plus ou moins complétement engagées ᴬ, ou des pilastres assez grêles ᴮ, souvent même de simples ressauts ᶜ interrompant de distance en distance le plein

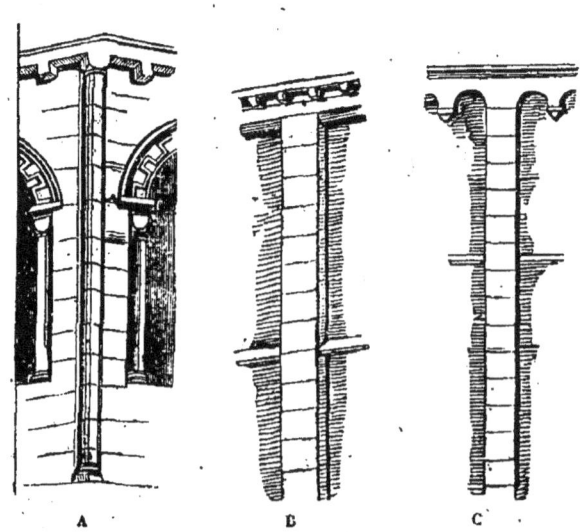

A          B          C

de la muraille comme les chaînes de pierre, et quelquefois
remaniés ou renforcés plus tard pour en augmenter la résistance. Ils s'élèvent d'ordinaire jusqu'au couronnement; néanmoins on en rencontre qui se terminent par une retraite en
larmier[D], en cône[E] ou en pignon[F] avant d'y atteindre; il en

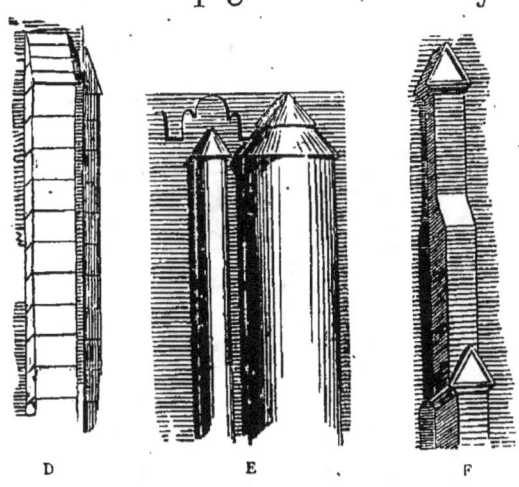

D                E                F

est enfin qui constituent de véritables demi-tours pouvant
servir à la défense de l'édifice; leurs dimensions vont toujours
en augmentant, et leurs larmiers en se multipliant, à mesure
que l'édifice s'élève et que la voûte s'y introduit;

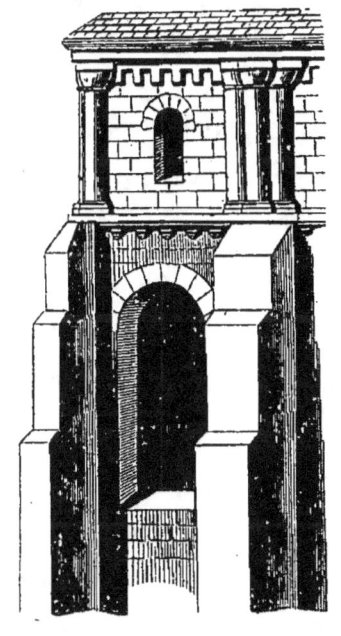

On doit quelquefois distinguer les contre-forts en inférieurs et supérieurs : les premiers sont alors ceux qui, appartenant à une portion secondaire de l'édifice, descendent jusqu'à terre ; les seconds, qui, même après l'introduction des arcs-butants, ne consistent souvent qu'en une simple colonne engagée, ne sont que le prolongement extérieur des piliers ou colonnes qui soutiennent et séparent les travées de la nef principale et du chœur.

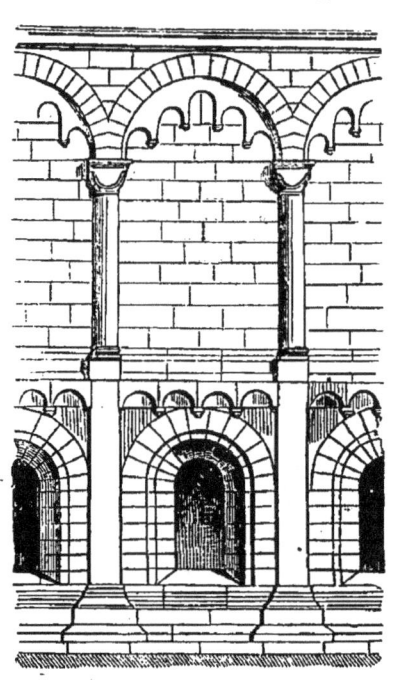

L'architecture, gothique chez laquelle le besoin de soutenements extérieurs existait bien plus fortement encore, réclama des appuis plus efficaces pour comprimer les voûtes élancées de ses nefs principales et de ses chœurs ; c'est alors qu'arrivent les premiers arcs-butants partant du contre-fort inférieur, et allant de là s'appuyer sur le contre-fort supérieur. Quelquefois ces arcs-butants primitifs sont pleins ou percés seulement, soit d'un œil-de-bœuf pour en alléger la masse, soit d'une baie de communication. Mais bientôt la saillie toujours croissante des portions principales de l'édifice, et la

forme en ogive de leurs voûtes, obligent d'en étendre les
soutenements, quelquefois doubles, bien au delà de tout ce
qui les entoure; c'est alors que le contre-fort inférieur s'allonge
en pilier butant, et s'arme lui-même souvent d'un petit contre-fort secondaire ou éperon, appliqué sur une de ses faces;
puis il reçoit dans sa partie supérieure des arcs plus ou moins
complets qui vont s'appuyer contre les murs extérieurs de la
nef ou toute autre partie élevée, pour maintenir la poussée
des voûtes, et forme ainsi une ceinture quelquefois double de
piliers et d'arcs-butants.

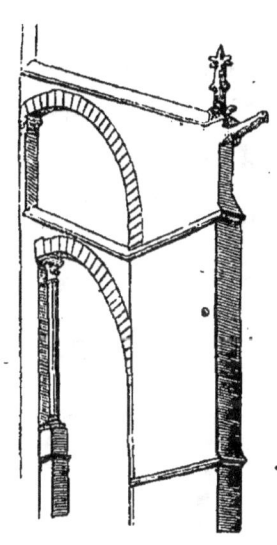

Dans certains cas, cette ceinture de piliers butants est placée
en dehors des murailles secondaires de l'église, ou n'y a été
rattachée qu'après coup par l'adjonction d'une série de chapelles à son plan primitif; plus rarement ces piliers, isolés de
la masse de l'édifice, ont été liés les uns aux autres par une
série d'arcs latéraux.

Quelquefois, comme dans la Sainte-Chapelle de Paris, les
arcs et piliers butants ont été remplacés par de longs et

étroits contre-forts projetés jusqu'à une distance notable de l'édifice.

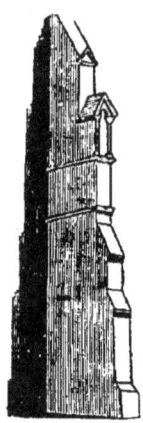

L'ornementation des contre-forts et des piliers butants se compose d'abord, pour les premiers (quand ils ne consistent pas en de simples colonnes, pilastres ou ressauts), tantôt de colonnes latérales, tantôt d'imbrications ou contre-imbrications figurées sur leurs divers larmiers.

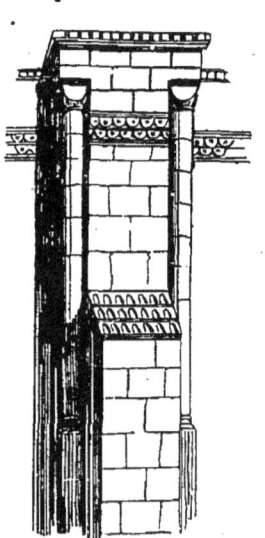

Pour les seconds, d'un pilier carré, pesant et court, soutenant un arc plus ou moins complet, qui n'offre guère dans

l'origine d'autre vide qu'une espèce de passage pratiqué à travers une muraille pleine ; cette muraille, que remplacent
quelquefois des colonnes et arcades rayonnant d'un centre
commun, porte une gouttière qui se bifurque souvent autour
du pilier butant, pour rejeter au loin, au moyen de gargouilles, les eaux des toits supérieur et inférieur. Au XIIIe siècle arrivent les légers clochetons carrés, souvent à jour ; les
édicules avec ou sans statues ; les arcs-butants élancés et quelquefois doublés ; les pignons figurés, les crosses et autres expansions végétales indigènes.

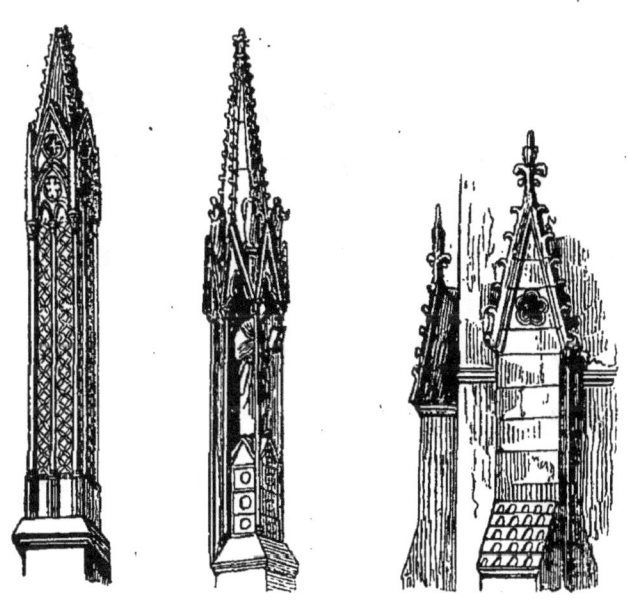

Au XIVe, les ornements s'amaigrissent ; le clocheton se ferme,
et ses angles, au lieu de suivre ceux du pilier, se portent
souvent au milieu des faces de ce dernier ; au XVe, le pilier
butant, après s'être, pour ainsi dire, complétement végéta-
lisé dans sa partie supérieure, hérissée de crosses, de bour-
geons, de fleurons, et de tout ce luxe d'une foliation indigène,
riche et compliquée, que nous avons déjà eu occasion de si-

gnaler, y joint les statues, les niches, les dais travaillés à jour.

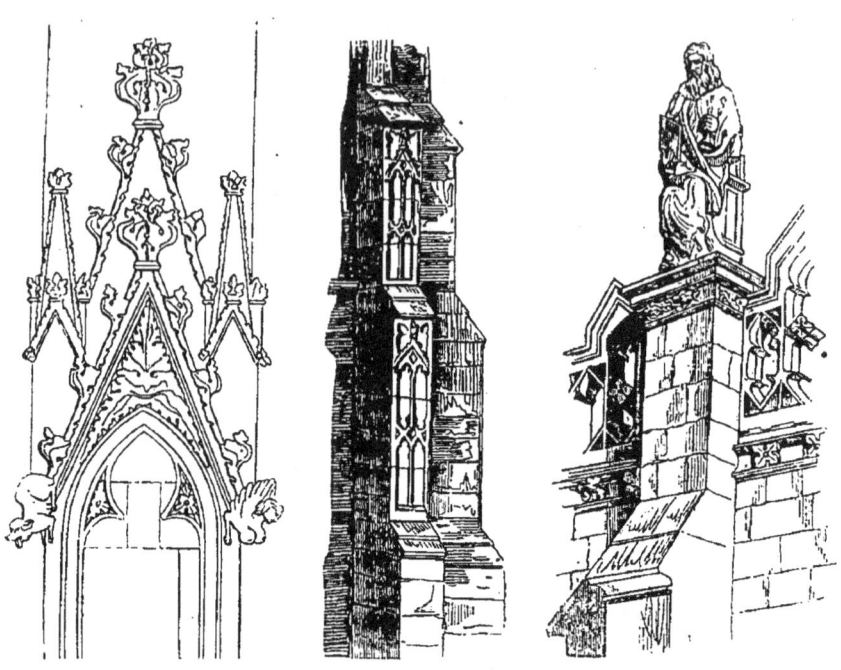

A la renaissance enfin, toute cette brillante ornementation cède la place, d'abord à des arabesques et à tous les caprices de l'époque de transition, puis aux consoles renversées et autres lourds appuis de l'architecture italienne.

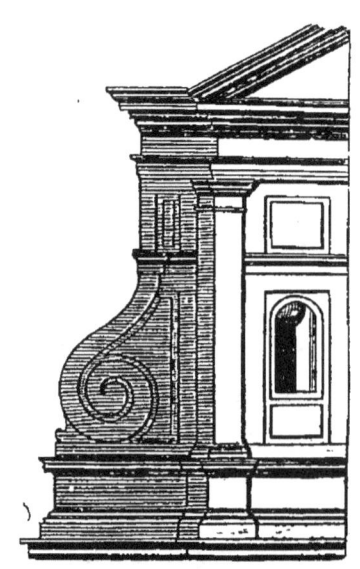

On rencontre rarement en France, mais plus souvent en Angleterre, des piliers butants, octogones ou hexagones, ceints, à leur sommet et à divers points de leur hauteur, d'une couronne de créneaux libres ou engagés.

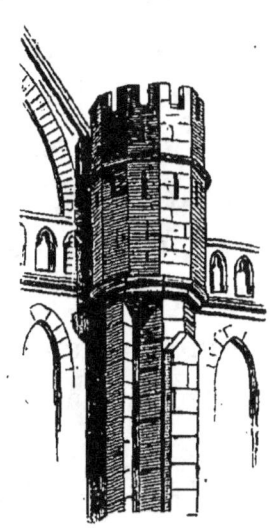

Les murailles de toute église sont nécessairement percées de deux espèces de baies : les fenêtres et les portes. Nous nous occuperons d'abord des premières.

G. Les fenêtres peuvent être en arcade, en œil-de-bœuf, ou rectangulaires; percées dans la muraille à angles droits, ou évasées, soit à l'intérieur, soit à l'extérieur en meurtrières.

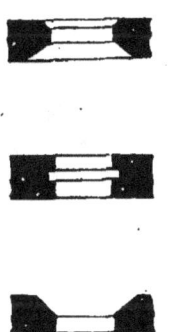

Dans la basilique primitive, l'abside en était dépourvue.

Ensuite elle en admit une ou trois à sa partie supérieure; plus rarement et postérieurement elles y furent pratiquées en nombre pair. C'était surtout par ces fenêtres de l'abside et par celles des façades que l'édifice était éclairé, plus que par les baies, tantôt en arcade, tantôt en œil-de-bœuf, des murailles latérales. On sait d'ailleurs que les grandes fenêtres ne furent d'abord qu'un groupe de petits jours réunis et inscrits dans une baie figurée. Sur les façades romanes, on rencontre, soit les trois fenêtres de front de la basilique, surmontées ou non de l'œil-de-bœuf du fronton, soit ces mêmes fenêtres dans une autre disposition (2 et 1), soit deux fenêtres latérales, soit enfin une grande baie circulaire à meneaux massifs et rayonnants, motivée ou par la forme carrée de l'étage de la façade dans laquelle elle est inscrite, ou par le souvenir de cet ancien œil-de-bœuf du fronton primitif, dont nous venons de parler.

Dans l'examen des fenêtres romanes, il sera toujours nécessaire de remarquer si ce sont de simples baies percées à travers le plein de la construction, ou si le contour en est dessiné par un encadrement de pierres d'une coupe particulière, destinées à former cintre, comme c'est le cas le plus ordinaire.

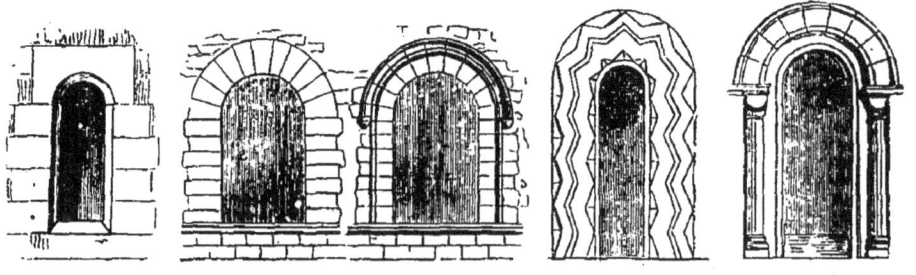

Quelle que soit la nature de l'arcade, on devra toujours indiquer le rapport de la hauteur de la fenêtre avec sa lar-

eur. Jusqu'à une époque avancée, les pieds-droits sont ordinairement munis ou de colonnes, ou tout au moins d'une imposte à leur sommet.

La fenêtre romane en arcade peut présenter les formes
semi-circulaire, surbaissée ou trilobée. En fer à cheval, elle
ne se rencontre guère que dans des baies secondaires.

Ces fenêtres peuvent être réunies en groupes, deux à deux
ou trois à trois, de dimensions pareilles ou inégales, inscrites
ou non dans une baie principale figurée, ou dans un système
d'arcature extérieure, soit d'une manière continue, soit par
alternation avec des arcades figurées. Il en est de même pour
l'œil-de-bœuf.

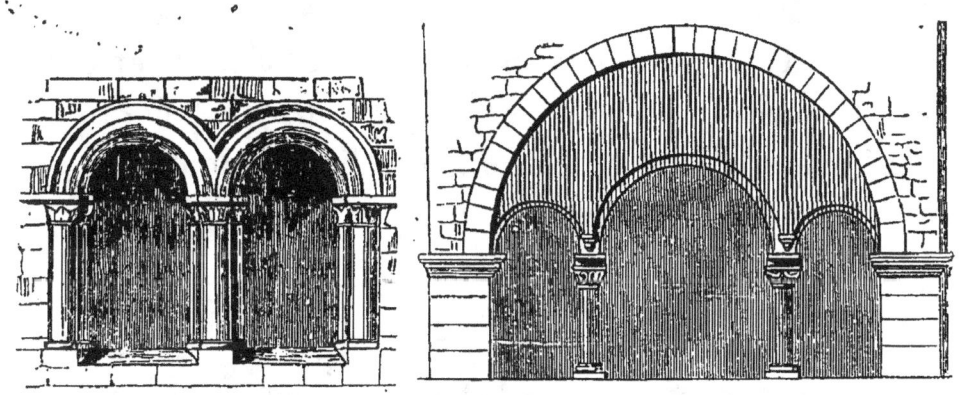

Il est rare, en France, de trouver celui-ci employé isolément dans le système général de fenestration d'une église;
mais il y a souvent été combiné avec la fenêtre en arcade, soit
qu'il en surmonte le sommet, soit qu'il alterne avec elle.

Sans elle on ne le voit guère que dans les façades principales, où il s'étend et s'agrandit de manière à envahir une grande
partie de leur surface, et prend alors le nom de *rose*. C'est dans
les roses romanes que se présentent les premières nervures en
pierres (menceaux), qui forment les compartiments de la fenêtre;
ces meneaux y sont toujours disposés en roue, soit qu'ils re-

présentent des colonnettes supportant des arcades, ou bien des balustres.

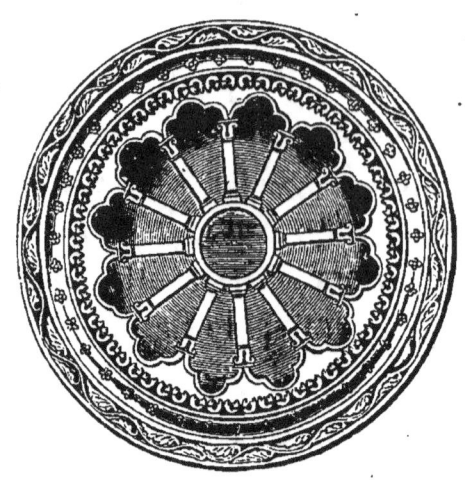

La fenêtre simple à arcade pointue arrive avec l'arcade gothique; elle est d'abord aiguë, surhaussée ou trilobée, rarement à tiers-point, quelquefois à contre-courbure, jamais lancéolée.

Cette première fenêtre gothique se combine, soit avec elle-même, soit avec l'œil-de-bœuf.

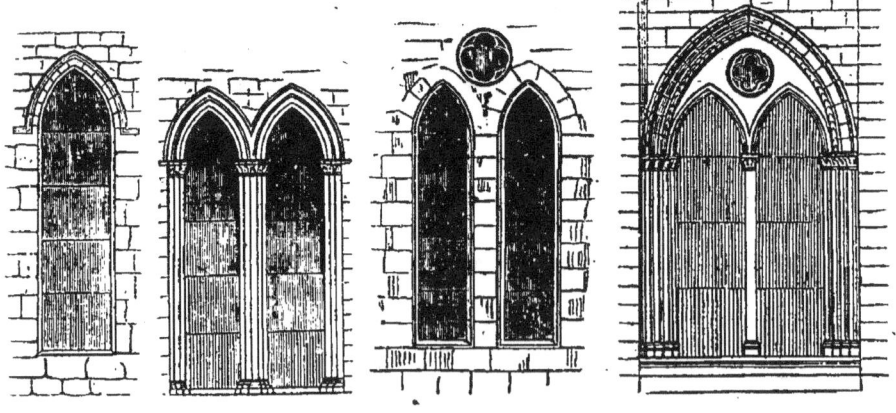

Les groupes qui en résultent sont souvent inscrits dans une baie figurée à arcade, d'abord romane, puis gothique. Le plus simple de ces groupes se compose de deux fenêtres étroites en arcade, ordinairement surmontées d'un œil-de-bœuf in-

termédiaire, le tout rassemblé dans une arcade principale
figurée. Il en envahit de plus en plus les parties pleines, jusqu'à ce qu'il les ait réduites aux dimensions de meneaux. Le
premier de ces meneaux est toujours perpendiculaire jusqu'à
la hauteur de la naissance de l'arcade, où il se bifurque. Peu
à peu les meneaux perpendiculaires et les œils-de-bœuf se
multiplient dans une arcade principale ou fenêtre élargie, et
ayant passé de la courbe aiguë à la courbe à tiers-point ou
évasée.

Enfin les meneaux circulaires du sommet ne suffisent plus
ni aux besoins de l'ornementation, ni à la solidité des châssis
vitrés. Ils se ramifient dans leur intérieur, d'abord en décou-
pures lobées ou segments, le plus souvent au nombre de six
ou de trois, puis en combinaisons trop variées pour qu'il soit
possible de les décrire ici; mais toujours engendrées par des
courbes circulaires et rayonnantes. Telles sont les transfor-
mations que subit la fenêtre gothique, depuis une époque
avancée du XIIe siècle jusqu'à la fin du XIIIe, et après lesquelles
elle prend le nom de *fenêtre rayonnante.*

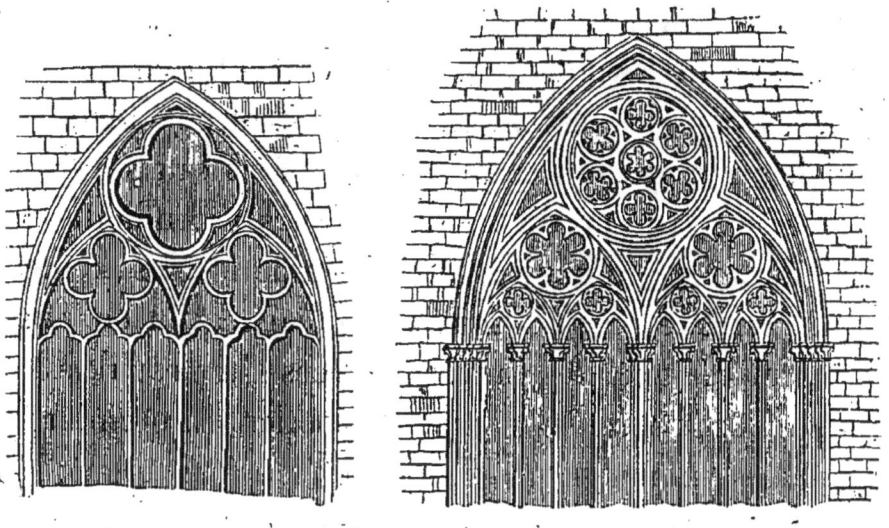

25.

Cette fenêtre s'élargit encore au xiv<sup>e</sup> siècle, de manière à envahir souvent tout l'espace compris entre les contre-forts, et passe de l'arcade évasée à l'arcade surbaissée, sans jamais s'arrêter à l'intermédiaire (le plein cintre). En même temps les meneaux se compliquent et s'évident de plus en plus en véritable dentelle ou filigrane de pierre, mais sans cesser de conserver le cercle pour courbe génératrice de toutes leurs ramifications supérieures, avec cette différence que ce n'est plus seulement le cercle en repos, mais souvent aussi les projections du cercle en mouvement.

La fenêtre en rose suit les mêmes phases, et s'agrandit de plus en plus, sans cesser d'appartenir au système rayonnant.

Vers le commencement du xv<sup>e</sup> siècle s'accomplit une importante révolution dans la forme et la combinaison des meneaux.

Après que toutes les combinaisons possibles de l'œil-de-bœuf, de ses divisions et de ses projections ont été épuisées dans une fenêtre de plus en plus surbaissée, elles s'en trouvent à cette époque définitivement exclues pour être remplacées par un autre système où figurent bien encore quelquefois les projections du cercle, mais qui se distingue du précédent par la direction toujours ascendante de ses parties, au milieu d'une variété infinie de formes, renfermée dans une arcade le plus souvent surbaissée ou en anse de panier. Malgré tout le caprice de ces formes, il est rare qu'elles ne consistent pas, surtout pendant la première moitié du siècle, en un groupe de triangles ou de quadrilatères curvilignes, ou autres courbes composées finissant en pointe et présentant quelque analogie avec une flamme droite ou renversée;

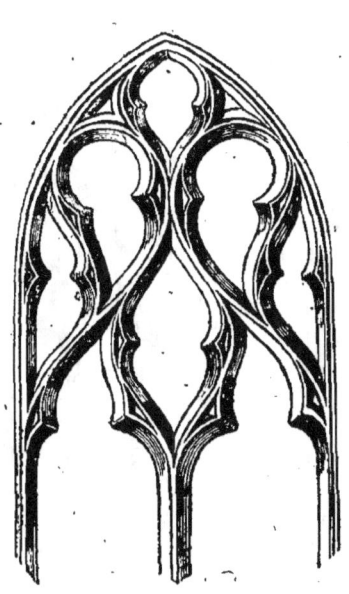

c'est ce qui a fait donner à la fenêtre du xve siècle le nom de flamboyante, lors même que ses meneaux représentent toute autre chose : par exemple, des fleurs de lis ou des étoiles, ainsi que cela arrive assez souvent en France, surtout dans les fenêtres de la grande proportion [1].

Une autre baie du xve siècle, beaucoup plus fréquente en Angleterre qu'en France, est la fenêtre perpendiculaire à meneaux purement verticaux jusqu'à leur sommet, ou s'y croisant par de simples bifurcations parallèles au contour de

---

[1] Nous pensons qu'on peut donner le nom de *tympan* à cette portion supérieure de la fenêtre comprise entre les deux côtés de l'arcade, toutes les fois que son tracé offrira l'empreinte de l'un des deux systèmes dont nous venons de parler, et par conséquent une séparation bien tranchée avec les meneaux perpendiculaires de la masse de la baie. Les intervalles circonscrits entre ces derniers s'appelleront des *jours*, et le vitrage qui les occupe des *panneaux*. Nous proposerons enfin de désigner par le nom de *réseau de la fenêtre* ce que les Anglais appellent *tracery*, c'est-à-dire l'espèce de broderie en dentelle produite par l'ensemble des meneaux.

l'arcade, qui dans ce cas prend une coupe moins surbaissée.

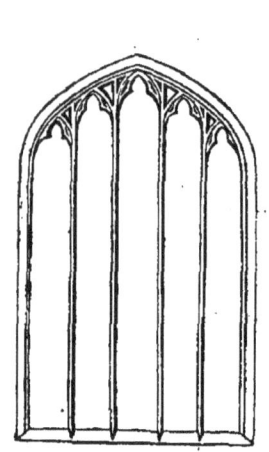
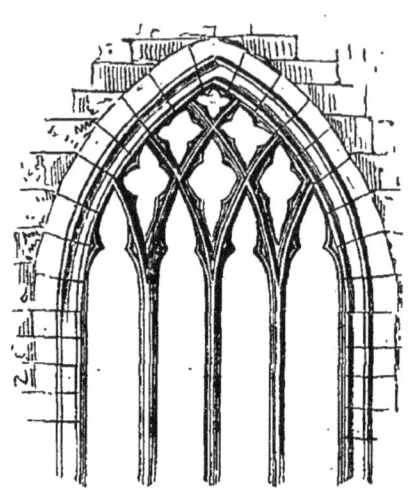

A partir de la deuxième moitié de ce siècle, les meneaux
adoptent des directions de plus en plus arbitraires dans une
large baie ordinairement évasée par le haut en anse de panier,
afin d'offrir un plus vaste champ à l'art du peintre verrier ;
ils s'y appesantissent aussi de plus en plus jusqu'à ce que le
retour aux types de l'architecture classique les en bannisse
complétement.

Après l'introduction de la fenêtre flamboyante on ne trouve
plus de traces de l'emploi de l'œil-de-bœuf que dans ces grandes
roses terminales qui continuent d'occuper le sommet des façades et des pignons. Les meneaux compliqués de ces roses
subissent la même révolution que ceux de la fenêtre à arcades,
et présentent un champ plus favorable encore aux gracieux
et légers épanouissements du système flamboyant. Là c'est
du centre qu'ils partent, comme dans la rose rayonnante ;
mais la différence du réseau qu'ils produisent ne permet

pas de se méprendre un instant sur leur nature et leur date.

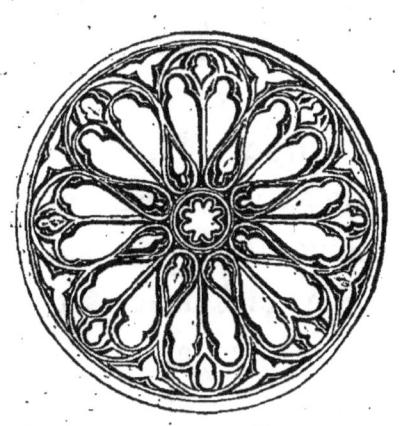

La fenêtre rectangulaire ne se rencontre guère qu'au-dessous des autres baies; elle remplace quelquefois, du XIII<sup>e</sup> au XV<sup>e</sup> siècle, les galeries ou les arcatures figurées qui y règnent ordinairement; moins apparente et moins décorée que les précédentes, elle n'offre ordinairement que des meneaux perpendiculaires.

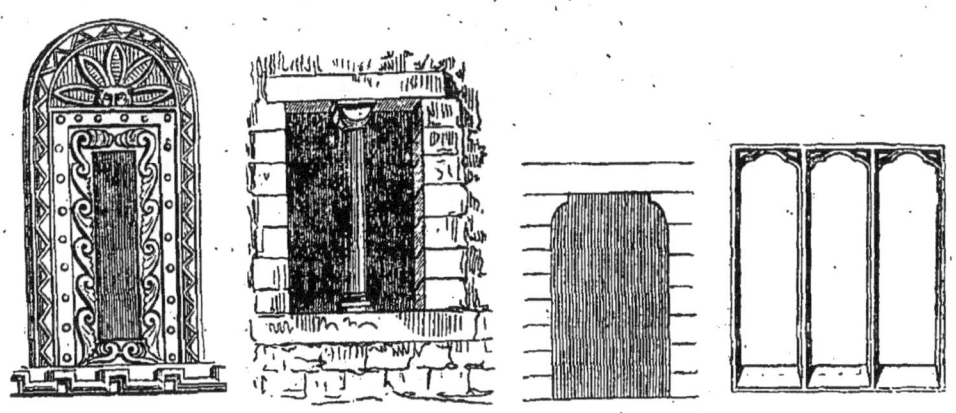

Enfin, dans quelques églises, les roses des transsepts et même celles du portail sont remplacées par de grandes fenêtres à arcades tout à fait hors de proportion avec les autres, et beaucoup moins favorables à la décoration extérieure que les baies circulaires. Cette substitution se rencontre au reste beaucoup moins fréquemment en France qu'en Angleterre. Nous leur donnerons le nom de fenêtres composées lorsqu'elles seront formées d'une grande quantité de petites fenêtres distinctes et pourvues de leurs meneaux, groupées en étages décroissants au moyen de précinctions horizontales.

A l'extérieur, l'ornementation de la fenêtre cintrée ressemble beaucoup à celle de l'arcade proprement dite, dont elle n'est guère qu'une variété; tantôt soutenue ou divisée par une ou plusieurs colonnes, tantôt n'offrant qu'une imposte ou une console pour support à son archivolte, elle est souvent liée à la fenêtre suivante par un cordon gracieux, résultant de la liaison de l'ornement extérieur de cette même archivolte avec l'imposte. Un autre système très-élégant du XIIe siècle consiste à percer la fenêtre aiguë de cette époque dans un groupe d'arcades romanes entrelacées dont elle occupe les intersections.

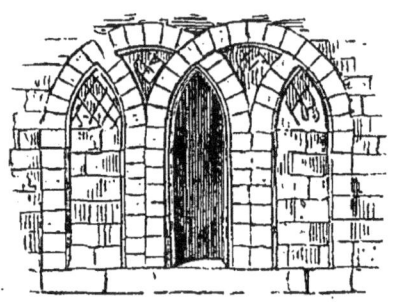

Aux XIe et XIIe siècles les séries d'ornements courants ou détachés sur l'archivolte; aux XIIIe et XIVe plusieurs archivoltes en retraite soutenues par un pareil nombre de colonnettes ou pieds-droits, ou bien venant mourir sur les faces des contreforts voisins; au XVe la guirlande de l'époque avec ses crosses et ses expansions symétriques, le tout souvent inscrit dans un pignon figuré de même nature; au XVIe les moulures renouvelées de l'architecture antique, telles sont les principales formes que revêt cette ornementation parallèle à celle de l'arcade ordinaire, comme nous l'avons déjà dit.

Quant à la fenêtre en rose, son ornementation extérieure se compose fréquemment d'une moulure circulaire ou triangulaire curviligne, renfermant, soit des figures qui sont parfois des zodiaques, ou bien d'autres moulures appartenant également au cercle et à ses fractions.

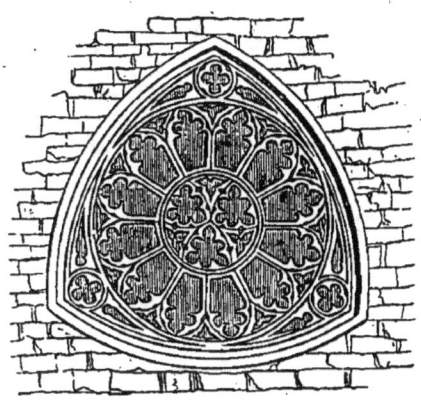

Souvent la moulure principale, au lieu d'être fermée inférieurement, repose sur deux consoles ou deux groupes qui en tiennent lieu.

Il y a peu de portions de l'église qui aient été soumises à plus de déplacements et de remaniements que les fenêtres; c'est pourquoi, après avoir examiné et décrit celles qui existent aujourd'hui, on devra rechercher avec le même soin les traces (quelquefois difficiles à retrouver sous le badigeonnage) de toute fenestration antérieure.

H. Les murailles d'une église sont encore percées de portes. Ces baies, d'une autre nature que les précédentes, peuvent être placées, soit au milieu de façades plus ou moins richement décorées, soit çà et là sur un point quelconque du pourtour. Nous décrirons bientôt les premières en traitant des portails ; les secondes, beaucoup moins importantes par leur masse et leur ornementation, n'en devront pas moins être examinées avec d'autant plus de soin que, même dans les églises très-rustiques, il est rare qu'elles ne présentent pas quelques parties décorées et caractéristiques.

C'est ainsi qu'il sera toujours nécessaire de constater :

1° Si elles appartiennent à la construction primitive, si elles ont été pratiquées après coup, ou si au contraire elles ne se trouvent pas aujourd'hui supprimées et bouchées ;

2° Si la baie est pourvue d'un amortissement rectiligne ou curviligne, et dans ce dernier cas quelle est la forme de l'arcade ; si c'est au contraire un rectangle à linteau ou à plate-bande ; si les angles n'en sont pas arrondis en arcs, soit complets, soit seulement figurés, ou occupés par une console plus ou moins ornée ;

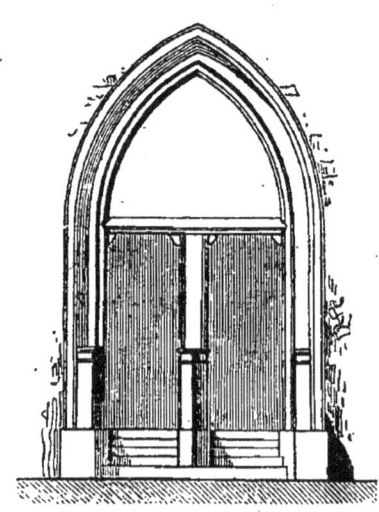

3° S'il y a quelque chose à remarquer sur les faces intérieure ou extérieure des pieds-droits; s'ils présentent des colonnes, pilastres ou figures placés de front ou en retraite; et des archivoltes correspondantes; et quelle est la décoration du tympan;

4° Ce qu'il peut y avoir à dire du linteau, du pilier central quand il existe, et enfin des battants mêmes, considérés sous le triple rapport de la sculpture en bois, de la ferrure et de la serrurerie.

Nous recommanderons particulièrement l'examen de la coupe des claveaux qui composent le cintre de ces portes secondaires, quelquefois fort compliquée dans l'architecture romane et l'architecture orientale.

I. Ces murailles peuvent encore présenter des pierres chargées d'inscriptions tumulaires ou de toute autre nature, soit engagées dans leur masse, soit encastrées dans leur revêtement; quelquefois même de véritables tombeaux placés sous leur abri. Comme cependant ces derniers y sont beaucoup plus rares qu'à l'intérieur des églises, c'est dans le chapitre suivant que nous nous réserverons d'en traiter. Quant aux inscriptions, d'autres instructions, que le comité se propose de publier, mettront à portée de reconnaître, à l'inspection des caractères, la date de ces monuments écrits. Nous nous contenterons d'avertir ici qu'on devra toujours en prendre une copie complète (à moins que ce ne soient d'insignifiantes fondations du xvi<sup>e</sup> et du xvii<sup>e</sup> siècle, dont il ne faudra donner qu'une analyse succincte), et de plus en relever fidèlement l'empreinte par des procédés mécaniques toutes les fois qu'ils présenteront ou quelque singularité dans la forme des caractères, ou quelque difficulté dans leur interprétation, ou quelque intérêt particulier dans leur texte. Il faudra encore examiner si les pierres qui les portent ont été,

1° Posées avec intention de les y graver sur place;

2° Engagées fortuitement dans la construction (ainsi que cela est arrivé le plus souvent pour celles qui sont chargées d'inscriptions antiques);

3° Encastrées dans le revêtement pour assurer leur conservation;

4° Rapportées après coup;

5° Gravées accidentellement et sans préméditation, postérieurement à la construction.

Il serait très-long d'énumérer toutes les portions de la surface extérieure et intérieure d'une église où l'on peut rencontrer des inscriptions. Les recherches à faire sous ce rapport ne sauraient être trop minutieuses; mais il est surtout indispensable de noter les cas où elles auraient été placées dans une intention marquée d'ornementation, ainsi que cela arrive souvent dans les balustrades des xve et xvie siècles, et plus anciennement au-dessous du couronnement, en place de frise.

Relativement au sens de ces inscriptions, elles doivent être classées en explicatives ou accidentelles. Celles-ci, qui peuvent se rapporter à toutes sortes de faits, sont ordinairement beaucoup moins intéressantes que les premières, dans lesquelles on rencontre des renseignements du plus grand prix pour l'histoire de l'édifice et celle de l'art. On les distingue encore en chronologiques ou nominatives, suivant qu'elles fournissent, soit la date de construction ou de consécration de tout ou partie d'un monument religieux, soit les noms du fondateur ou restaurateur, du pontife qui l'a béni, de l'architecte ou de l'artiste qui a concouru à l'élever, le réparer ou le décorer ; enfin, elles peuvent être peintes, gravées, soit en creux, soit en relief, ou incrustées.

Les mêmes soins doivent être apportés à la recherche et à la copie exacte des portraits, écussons, emblèmes, devises, cimiers, marques, chiffres, outils caractéristiques de certains corps de métiers, qui se rencontreront à l'extérieur ou à l'intérieur des églises, et qui y auront été placés pareillement dans l'intention d'indiquer quelque date, quelque nom propre de famille, de corporation, d'artiste ou d'individu quelconque, soit qu'on ait déjà réussi ou non à en saisir la signification.

K. Ce que nous venons de dire de la possibilité de rencontrer des inscriptions sur toutes les portions de la surface d'une église est encore plus applicable à l'ornementation ; il n'est, en effet, pas un point de cette surface où la fécondité des arts du moyen âge n'ait trouvé l'occasion de suspendre quelque arcature, quelque ornement détaché ou courant, quelque bas-relief, quelque statue. On ne devra omettre aucun de ces objets, ni négliger d'y chercher les renseignements qu'ils peuvent fournir, soit à la fixation de la date du monument, soit à l'histoire de l'art.

Au XIe siècle, la statuaire présente deux types très-distincts, l'un, court et rond, aussi dépourvu de noblesse que de beauté, est évidemment le travail d'ouvriers ignorants, abandonnés à leur libre arbitre, travaillant sous l'impulsion de l'art romain.

dégénéré ou de leur grossier instinct personnel; l'autre apporté de Constantinople, où la statuaire s'était retrempée au IX<sup>e</sup> siècle, sous la domination de la dynastie macédonienne. Cette influence bysantine continua jusqu'au XIII<sup>e</sup> siècle, par l'envoi non interrompu de reliquaires, de manuscrits, de galons, d'étoffes, de broderies, de peintures, de sculptures et même d'artistes, d'agir sur l'art occidental en concurrence avec ses inspirations indigènes; c'est surtout dans les contrées les plus voisines de la Méditerranée qu'elle prévalut. On la reconnaît aux proportions géométriques des figures, aux plis comptés et parallèles des draperies, aux vêtements qui sont ordinairement la tunique et le manteau bordés de perles, de galons, et renfermant des pierres précieuses enchâssées; à l'absence de perspective dans les pieds et genoux, qu'on figure très-ouverts pour éviter la difficulté des raccourcis; aux chaussures quelquefois très-riches, toujours pointues, et suivant souvent le ressaut du support; aux yeux saillants, fendus et retroussés à leur extrémité extérieure; aux sourcils arqués, et enfin au détail minutieux des cheveux.

Dès ce même siècle, mais surtout au XII<sup>e</sup>, survint un nouveau type, caractérisé par l'allongement hors de toute proportion des personnages, qui semble avoir eu pour but de leur imprimer un caractère au-dessus de l'humanité; mais qui peut avoir été motivé par la forme étroite des emplacements destinés à les recevoir. L'expression grave et religieuse de ces figures, la beauté souvent exquise et la tranquillité des types, le parallélisme exact des plis pressés dans lesquels elles sont comme emmaillottées, la fidélité et le fini consciencieux des moindres détails, attestent qu'une main consacrée a passé par là; qu'elle a suivi des proportions convenues, une sorte de canon dont il semble qu'il ne soit pas permis de s'écarter. C'est à la même

époque qu'on s'appliqua à reproduire la ressemblance indivi-
duelle, ou portrait, sur les tombeaux, et qu'on l'obtint par le
procédé sûr et expéditif du moulage.

Mais c'est le XIII^e siècle qui est l'époque de plus grande splen-
deur de la statuaire du moyen âge comme de tous ses autres
arts ; d'une soumission complète au joug de l'autorité, celui-ci
y arrive à une liberté sage et grave, alliée à une verve admirable d'exécution, qui se manifeste dans le jet heureux, dans
les poses naturelles, dans les plis simples et gracieux des figures, dans leur modelé déjà très-bien senti, mais surtout dans
l'expression de foi vive, de ferveur religieuse qu'il sut alors leur
imprimer et qu'il ne retrouva plus depuis. L'habitude du moulage, récemment introduite, comme nous l'avons vu, contribua
probablement d'une manière puissante à faire abandonner les
types de convention des âges précédents pour y substituer le
type indigène qui règne exclusivement dans les productions de
cette époque.

Dès le XIV^e siècle, les plis des draperies commencent à se
tourmenter ; le grotesque, la satire anti-monacale et anti-clé-
ricale, à faire invasion dans le domaine de la statuaire, qui a
passé des inspirations purement religieuses et personnellement
désintéressées du cloître à l'impulsion des intérêts et des passions terrestres de l'ouvrier laïque, non encore digne du nom
d'artiste. Il règne une grande inégalité dans les ouvrages de
ce siècle de transition : les uns présentent toute la verve et
tout le charme de l'âge précédent ; dans quelques autres on
voit poindre déjà les défauts et les qualités de celui qui suivra,
et en certaines contrées l'influence du goût germanique aux
plis collés, aux poses maniérées, aux étoffes amples sur des
figures maigres ; mais là où il se montre avec son caractère
propre, ce caractère n'est plus inspiré et n'est pas encore exact

ni spirituel : les figures présentent dans leurs surfaces plates peu de sentiment du modelé, mais au contraire les traces d'un travail expéditif, plutôt que le fouillé délicat du ciseau. Les sujets changent en même temps : ce ne sont plus ces compositions symboliques et symétriques, remarquables par l'harmonie des pleins et des vides, qui occupaient les tympans et les parties lisses des portails, ni ces saints personnages inscrits dans des arcatures, à l'imitation de celles qui existent sur certains tombeaux antiques, ni ces nimbes de diverses formes caractéristiques des siècles précédents, offrant l'image du Christ ou de Dieu le père, entourés d'anges adorateurs, des quatre évangélistes, ou des vieillards de l'apocalypse. Au lieu de toutes ces physionomies constamment ferventes et sérieuses, l'art, redescendu sur la terre, y groupe de nombreux personnages appartenant à la nature vulgaire et n'exprimant désormais que ses passions. Un autre caractère de ces compositions est qu'elles ne représentent plus que des événements positifs, soit qu'elles en prennent le sujet dans les récits de la Bible, dans le rapprochement de l'ancienne et de la nouvelle loi, dans les traditions de la Légende dorée, dans la vie du patron de l'église ou dans les croyances consacrées relativement à la résurrection des morts et au jugement dernier. Sans doute tous ces sujets s'y étaient déjà montrés, mais ils n'y dominaient pas exclusivement, et ils y étaient considérés d'un point de vue plus élevé.

C'est encore à cette époque que les figures grotesques ou monstrueuses, offrant quelque rapport avec celles que les ouvriers du xi$^e$ siècle avaient souvent placées autour des églises comme type d'une nature abâtardie par le vice et le péché, et qu'un goût plus épuré en avait ensuite bannies, reviennent s'y montrer, non plus cette fois dans un but moral ou purement plaisant, mais dans une intention railleuse et satirique dirigée contre le culte lui-même et surtout contre ses ministres.

Au xv⁰ siècle, le sculpteur s'élève au rang d'artiste, et l'on sent à la fois l'empreinte des prétentions de l'atelier dans les poses et les physionomies exagérées des figures, aussi bien que dans le jeu de plus en plus tourmenté des draperies, et le fruit des études de ce même atelier dans l'habileté à rendre les moindres détails du modelé de la chair vivante et morte, et l'expression des passions humaines. C'est surtout dans la représentation en marbre ou en albâtre des têtes et des mains sur les tombeaux, ainsi que dans la composition des petites figures exécutées de même avec des matériaux précieux que se déploya cette habileté du xv⁰ siècle à faire vivre et surtout à faire pleurer ses personnages. Quant aux nombreuses statues dont il peupla les portails et les piliers butants de ses églises, exécutées à la hâte par des artistes secondaires, elles présentaient au contraire peu de relief et de vie. Il faut distinguer dans cette période l'école de Charles VIII et de Louis XII, aux figures de peu de relief, pourvues de détails anatomiques plus marqués dans la sculpture d'ornementation ; cette école fleurit particulièrement sur les bords de la Loire.

L'art continua de marcher dans les mêmes voies pendant les premières années du siècle suivant jusqu'à l'introduction de l'école milanaise, au travail vulgaire, expéditif et maniéré, particulièrement dans la pose, les cheveux et les draperies de ses personnages ; c'est ensuite qu'arriva l'école de Michel-Ange, et que fleurirent à la fois Sambin en Bourgogne, les frères Genty à Troyes, Benvenuto Cellini et Paul-Ponce Trebati à Paris, au dessin savant, au relief plus marqué, aux poses académiques, aux muscles et aux traits fortement accentués. On sait avec quelle rapidité elle étouffa la statuaire fine et svelte de Jean

Goujon, et à quels déplorables excès d'exagération, de maniéré dans les cheveux et les draperies, elle se porta, avant d'être à son tour remplacée par le goût flamand sous le règne de Henri IV.

La sculpture d'ornementation a suivi, au moyen âge, à peu près les mêmes phases que l'imitation de la nature humaine; tantôt byzantine et tantôt rustique, au XI$^e$ siècle, mais habile à produire de grands effets par des procédés peu compliqués et par l'opposition des parties lisses avec les parties décorées, elle commença au XII$^e$ à s'approprier, non-seulement les rinceaux, les entrelacs et quelques autres des motifs courants les plus gracieux de l'art antique, mais encore l'imitation des produits d'une nature végétale et animale fantastique ou étrangère, et jusqu'à des zodiaques ou des calendriers; sous des architectes ecclésiastiques, qui, satisfaits de diriger la masse, abandonnaient les détails à l'inspiration de leurs subordonnés, elle imprima une admirable variété aux chapiteaux, dont elle porta la décoration à son plus haut degré de perfection, aux archivoltes, aux tympans et à toutes les autres portions ornées de l'architecture romane. Le XIII$^e$ siècle fut pour elle (si ce n'est dans le chapiteau), comme pour la statuaire, l'époque la plus brillante de tout le moyen âge; celle où, employant indifféremment dans ses compositions l'ogive et le plein cintre, l'ornement symbolique, l'ornement exotique et l'ornement indigène, elle imprima un relief plus vif, un modelé plus parfait que par le passé à ses enroulements et à ses guirlandes. Mais bientôt la révolution qui avait fait passer du clerc à l'architecte de profession, la direction des travaux ecclésiastiques, introduisit de la sécheresse et de la négligence dans les détails, en même temps qu'elle fit faire à l'art du XIV$^e$ siècle un grand pas vers l'unité d'ornementation. C'est alors qu'arrivent les feuilles détachées, isolées et de plein relief, souvent aiguisées en longues et fines dentelures; et que les dais en saillie commencent à se multiplier. L'ornementation s'appesantit au xv^e siècle sous les lignes tourmentées et contournées du gothique flamboyant, sous le goût des tours de force et l'affectation de science, sous cette profusion de végétation indigène et vulgaire qu'elle fit germer de toutes les saillies, de toutes les arêtes, de toutes les cavités, et à l'ombre de laquelle vinrent s'abriter des légions de statues, avec leurs niches et leurs dais. Après avoir épuisé l'imitation de la nature végétale, la dentelle et la broderie eurent leur temps; puis les arabesques, puis cette ornementation de la renaissance, d'abord vive, fine et légère, tant qu'elle resta fidèle à la division des parties, puis devenue massive, exagérée et sans esprit, quand elle brisa ses lignes ou força ses proportions; en général, l'alliance avec le gothique abâtardi du xv^e siècle, commencée sous Louis XII, se prolonge pendant les premières années du règne de son successeur; c'est ensuite qu'arrive la jolie colonne de petite proportion, remarquable par la saillie du stylobate, par la coquetterie de son chapiteau et de son entablement, par la variété et la finesse de son ornementation, que rend plus piquante le contraste des surfaces lisses. Malheureusement ce brillant rameau de l'art de la renaissance fut bientôt étouffé chez nous sous la réunion des parties et les proportions exagérées des objets décorés qui en furent la suite, aussi bien que sous les lourdes et bizarres importations des goûts florentin et vénitien, dont le développement presque parallèle jeta de bien plus profondes racines dans notre sol. En beaucoup d'endroits même ce fut sans intermédiaire que l'art passa du flamboyant gothique à ce que nous pourrions appeler le flamboyant de la renaissance, tant on y retrouve la même pesanteur des masses, le même abus des lignes brisées et contournées, la même profusion d'ornements et la même absence de critique dans leur choix, le même goût pour ces porte-à-faux, ces culs-de-lampe et ces clefs-pendantes, au moyen desquels les voûtes de nos églises semblèrent souvent rivaliser avec celles des cavernes à stalactites. On peut ajouter que cette seconde dégénération fut encore plus fâcheuse que la première, puisqu'elle faussait à la fois le type chrétien et le type grec, et que trop souvent elle ne rachetait pas même par le mérite et la grâce de l'exécution, les inconvenances et les disparates d'une composition païenne et théâtrale jusque dans l'intérieur des églises, assemblage bâtard d'inspirations grecques, romaines, florentines et vénitiennes.

Ce n'est point ici que nous traiterons de la peinture appliquée à la représentation de la figure humaine; ses compositions appartenant d'une manière à peu près exclusive à l'intérieur des églises, nous la réserverons pour le chapitre suivant. Nous ne croyons devoir parler maintenant de cet art que comme appliqué à l'ornementation. La peinture et la mosaïque étaient arrivées dans notre culte avec la basilique même, et la première surtout ne cessa jamais de concourir à la décoration des églises; aussi trouvons-nous dès le XI$^e$ siècle les teintes plates employées pour faire valoir ou remplacer les reliefs, les refends substitués aux bossages, et jusqu'à des rinceaux et autres ornements courants présentant plus ou moins le caractère roide et anguleux de l'époque; mais c'est au XII$^e$ et au XIII$^e$ que la puissance et le charme, nous pourrions presque dire le besoin pour les yeux, d'une coloration brillante et variée furent plus généralement sentis, et qu'elle arriva dans nos temples comme auxiliaire, souvent même en remplacement de la sculpture d'ornementation, probablement par suite du contact que les croisades avaient établi entre nos devanciers et des populations plus méridionales, chez lesquelles florissait déjà cet élément de décoration. Bientôt naturalisé chez nous, il s'y combina merveilleusement avec la lumière colorée de ces vitraux éclatants dont le XIII° siècle dotait en même temps nos églises. Aussi n'y eut-il pas seulement introduction d'une couleur brillante dans l'ornementation, mais encore quelquefois réaction de cette même couleur contre la forme, réaction attestée par le plâtre appliqué sur des chapiteaux, sur des moulures, sur des archivoltes de l'exécution la plus délicate, pour y substituer, au simple clair-obscur de la décoration sculptée, les splendeurs d'une riche décoration peinte. Au reste, cette préférence donnée à la couleur ne survécut pas au contact qui l'avait importée chez nous, et l'auréole dont elle avait ceint l'art des XII° et XIII° siècles ne brilla pas même sur celui qui les suivit immédiatement. L'ornementation peinte ne disparut pas de nos églises après l'abandon de ce luxe de couleurs, mais elle y fut employée plus sobrement, et cessa d'empiéter sur le domaine de la sculpture. On devra, toutes les fois qu'on en rencontrera les traces, en étudier avec un soin particulier les procédés, les couches successives, les motifs, les détails souvent très-fins et très-compliqués, et enfin les effets plus ou moins éclatants, quand on parviendra à les découvrir, soit sous les repeints, soit sous le badigeonnage que les générations intermédiaires, et surtout la nôtre, ont prodigués si déplorablement pour anéantir tout vestige de cette branche importante de l'art du moyen âge. Quelque modernes que soient les repeints, il faudra examiner scrupuleusement s'ils ne doivent pas être regardés comme une reproduction plus ou moins fidèle de la décoration primitive : c'est ce qu'on reconnaîtra aux motifs d'ornement qui y figurent; toutes les fois, par exemple, que ce sera quelqu'une des variétés du chevron, du méandre, ou d'autres moulures n'ayant pas survécu à l'époque de transition, on pourra affirmer que c'est jusque-là qu'il faut remonter au moins pour trouver la date du premier travail, dont les générations intermédiaires auront respecté la pensée dans leurs restaurations souvent maladroites, mais toujours moins funestes que le badigeonnage.

C'est surtout à l'extérieur que la recherche de l'ornementation peinte devra être faite avec le plus de soin, à raison des causes plus puissantes de destruction qu'elle y aura rencontrées. Ainsi il ne suffira pas d'explorer les couloirs et autres parties intérieures des porches et des portails, les chapiteaux, les statues, les colonnes, les dais, les couronnements, il faudra encore s'assurer si les parties lisses des murs, l'extérieur de l'abside et du chœur, ou toute autre surface où sa présence n'a pas été soupçonnée jusqu'ici, n'en renferment pas quelques vestiges, qui acquerraient alors une haute importance pour l'histoire de l'art.

Les mêmes recherches devront s'appliquer aux incrustations, émaux, verres, mosaïques, alternation de matériaux discolores, tels que marbres ou briques, et en général à tout ce qui a eu pour but d'imprimer à l'ornement un caractère polychrome. Les incrustations surtout méritent une grande attention par les procédés variés et souvent compliqués qui ont été employés dans leur préparation, tels que les pâtes, les mastics, enduits brillants formant une sorte de stuccature ordinairement rouge, chargés d'ornements dorés ou discolores présentant quelque relief. Pour recevoir ces enduits, les surfaces lisses ont parfois été sillonnées de stries dont il sera nécessaire de tenir note, lors même qu'elles seront restées libres. Toute cette ornementation polychrome remonte aux mêmes époques que la brillante ornementation peinte dont nous venons de parler. Il est certaines contrées de la France, telles que l'Auvergne, par exemple, où elle a pris un plus grand développement et forme une portion notable de l'art. C'est surtout dans les portails, les couronnements, les absides, les faces terminales des transsepts, qu'on en doit chercher des traces. Toutes les fois qu'on rencontrera un ornement en creux tel que trèfle, quatrefeuille, œil-de-bœuf ou autre, il faudra s'assurer s'il n'a pas été rempli dans l'origine par quelque incrustation.

Nous allons maintenant reprendre chacune des grandes divisions de l'église à l'extérieur, pour indiquer sur quels points de chacune d'elles devront plus particulièrement porter les recherches.

A. Dans les églises romanes, l'abside est l'une des portions de l'édifice le plus soigneusement bâties et le plus richement décorées, même à l'extérieur, où aucune construction secondaire ne la masque ordinairement. Lors même que les autres murailles seront nues et rustiques, il faudra examiner si elle ne s'en distingue pas par quelque recherche dans le choix et la disposition des matériaux, dans les contre-forts, la décoration des fenêtres et le couronnement; si elle n'est pas pourvue de colonnes ou de sculptures, surmontée, soit d'une galerie où l'on puisse circuler, soit de machicoulis; tenir compte du nombre et de la situation des fenêtres, ainsi que de l'infériorité du toit par rapport à celui du chœur. Quand il n'existe pas d'abside, ces recherches devront se porter sur le chevet.

Dans les églises où ce chevet n'est apparent à l'extérieur qu'au-dessus du pourtour du chœur et de ses chapelles, il prêtera matière à moins d'observations; néanmoins on devra encore en examiner, comparativement avec le reste de l'édifice, les fenêtres, les revêtements, le couronnement, les contre-forts, les piliers et arcs-butants.

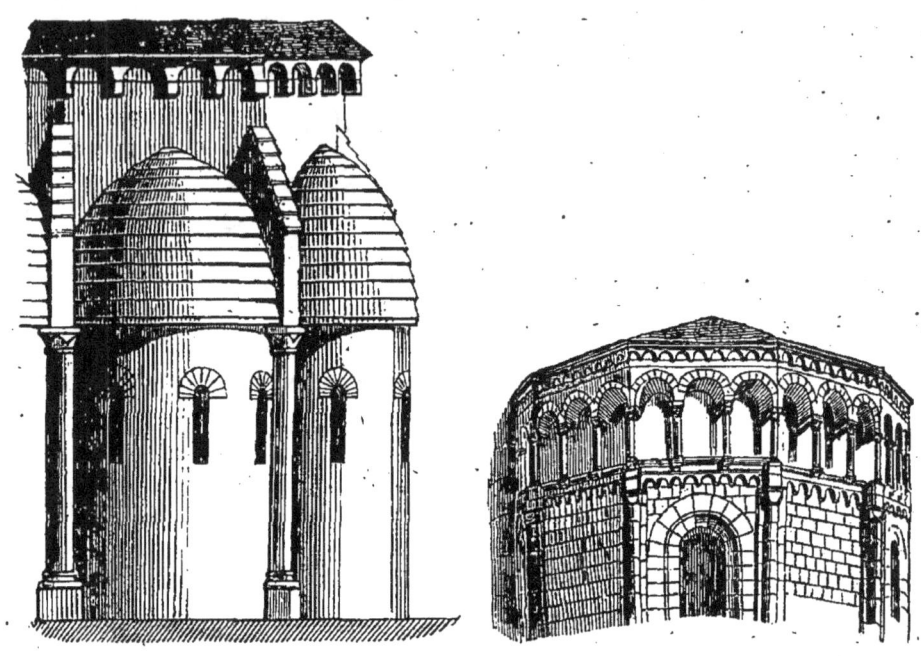

B. Le chœur est encore une des portions les plus soignées de l'église romane, et y appellera les mêmes investigations que l'abside. On examinera, entre autres choses, si son toit, plus élevé que celui de l'abside, n'est pas inférieur à celui de la nef principale.

Dans l'église gothique, le chœur se confond à l'extérieur avec le chevet ou partie supérieure du sanctuaire, et devra être soumis aux mêmes recherches.

C. La nef principale, malgré son importance dans la construction, dont elle forme la masse centrale, offre peu de prise à l'observation du côté extérieur, toutes les fois qu'elle est accompagnée de collatéraux et de chapelles, puisqu'alors elle ne présente de visible que les revêtements de sa muraille supérieure, les fenêtres dont elle est percée, ses contre-forts et arcs-butants, son couronnement et son toit. Cependant elle est souvent ornée, dans l'architecture romane, d'arcatures plus ou moins riches ; mais, à mesure que la date du monument s'éloigne de ce style, les baies des fenêtres s'élargissent de plus en plus aux dépens du plein de la muraille, de manière à finir par envahir tout l'espace compris entre les contreforts.

Toutes les fois qu'au-dessus des collatéraux on pourra apercevoir l'arcature ou fenestration inférieure de la nef principale, ordinairement cachée par la toiture actuelle de ces mêmes collatéraux, on devra en tenir compte, ainsi, en général, que de toutes traces d'anciennes baies, aujourd'hui supprimées et remplacées par d'autres, ou remaniées.

D. Les collatéraux prêtent beaucoup plus aux recherches dans l'église romane, où ils sont ordinairement dépourvus de chapelles contemporaines le long de la nef. Il faudra examiner leurs baies de portes et de fenêtres, anciennes, nouvelles et remaniées, leurs contre-forts et piliers butants, leurs couronnements, leur couverture actuelle et les vestiges que l'on pourrait trouver de cette toiture primitive, presque horizontale, qui souvent laissait à jour l'arcature ou fenestration inférieure de la nef principale et du chœur, dont nous venons de parler ; enfin la face plate, ou pourvue d'une abside plus ou moins prononcée, pleine ou percée d'une ou plusieurs baies, par laquelle ils se terminent à l'orient. S'ils se prolongent autour du chœur, on devra encore signaler la disposition, la forme et l'orientation de leurs chapelles, dont l'autel est tantôt parallèle à celui de ce même chœur, et tantôt rayonnant de son centre vers les divers points de l'horizon.

La chapelle de la Vierge, brillant hors-d'œuvre ordinairement ajouté après coup à l'extrémité orientale du chœur, et n'y tenant quelquefois que par une étroite galerie, réclamera une attention particulière, surtout quand elle formera comme une petite église distincte, à la suite de la grande. Enfin il sera nécessaire de soumettre au même examen les autres chapelles placées le long des collatéraux proprement dits, et de s'assurer de l'époque à laquelle elles auront pu être ajoutées à la construction primitive. Parmi les questions auxquelles donneront lieu ces chapelles, nous ne devrons pas oublier celle de leur toiture continue et distincte et propre à chacune d'elles, et alors pyramidale, conique ou en coupole.

E. Les transsepts sont encore l'une des portions de l'église les plus accessibles aux regards et ordinairement le plus richement décorées, au moins sur leur face terminale. Dans l'architecture romane, ils sont le plus souvent munis d'absides dont il faudra signaler la situation, l'orientation, la courbe plus ou moins complète, quelquefois même n'atteignant pas le revêtement extérieur, et enfin la hauteur, qui s'arrête dans certains cas à la naissance d'un étage supérieur. On devra non-seulement les examiner sous tous les rapports déjà indiqués, mais encore donner une description détaillée de leur ornementation, surtout lorsqu'ils forment façade et portail. Cette ornementation rivalisant alors avec celle du portail principal, on entrera à son sujet dans des détails qui vont être indiqués ci-après ( G, page 219).

F. Nous avons énuméré les diverses variétés de porches que l'on peut rencontrer à l'entrée des édifices religieux; tout ce qui en sera apparent à l'extérieur devra être relevé et décrit à part quand il présentera quelque caractère distinct de celui des constructions voisines. Cette description précédera ou suivra celle du portail, selon que le porche sera lui-même en avant ou en arrière de ce portail. Dans le cas où il ne consisterait qu'en quelques constructions légères et sans caractère, destinées seulement à protéger comme auvent le bas du portail et l'entrée de l'église contre les intempéries de l'air, il suffira de les mentionner.

G. Nous avons déjà parlé de la plupart des objets et des formes qui peuvent entrer dans la construction et la décoration d'un portail; néanmoins l'accumulation en est quelquefois si considérable, que nous croyons devoir les rappeler ici d'une manière plus méthodique. Nous pensons donc qu'il sera bon de les passer en revue dans l'ordre suivant :

1° Le plan par terre (ou ichnographie), quelquefois accidenté et brisé, soit par la présence d'un porche extérieur, soit par les saillies des supports, soit par la retraite des baies, soit surtout par l'embasement d'un ou plusieurs clochers.

2° Le système-général de construction et de décoration, les proportions générales, la nature et la forme des revêtements, les colonnes, pieds-droits, pilastres et contre-forts appartenant à l'ensemble.

3° Le couronnement général; la forme du pignon ou du fronton dont il est surmonté.

4° Le rez-de-chaussée; ses parties pleines, ses portes avec leurs pieds-droits, arcades en retraite, colonnes, archivoltes,

28.

statues, niches et dais; leurs linteaux, tympans, piliers centraux, battants, ferrures et serrures; ses fausses baies ou baies figurées; son ornementation et son couronnement distincts, s'il y en a.

5° Chacun des étages supérieurs, à partir du rez-de-chaussée; leurs parties pleines, colonnes, arcades, roses, fenêtres, galeries libres ou figurées, ornementation et couronnement particuliers.

6° Les pignons ou frontons, et les ornements ou baies qui peuvent s'y trouver inscrits; les galeries libres ou figurées qui les surmontent quelquefois; l'acrotère qui les termine; l'inclinaison actuelle du toit, et toute trace d'une inclinaison antérieure différente.

7° La façade des collatéraux quand elle est distincte de celle de la nef principale.

8° La base des clochers du portail quand elle constitue pareillement un corps distinct de la façade principale.

Nous n'essayerons pas d'établir l'énumération complète de tout ce qui peut entrer dans la décoration d'un portail. Cette décoration est quelquefois si riche et si variée, qu'il faudrait sortir du cadre de nos instructions pour en prévoir tous les détails et toutes les combinaisons. Ce serait d'ailleurs nous assujettir à une répétition inutile de ce que nous avons déjà dit. Les personnes qui auront bien voulu méditer avec attention les indications précédentes arriveront au portail avec une masse de connaissances déjà suffisante pour juger avec rectitude du système de la construction de chacune de ses parties, aussi bien que pour les décrire avec précision. Nous nous contenterons de les prévenir que c'est là principalement que la sculpture du moyen âge a étalé ses compositions symboliques, historiques et astronomiques, ses rapprochements de l'ancienne et de la nouvelle loi, des vertus et des vices.

Les zodiaques et les calendriers se rencontrent le plus souvent le long des pieds-droits des portes. Les premiers représentent les signes des constellations que parcourt le soleil; les seconds, les mois de l'année, caractérisés par l'occupation spéciale à chacun d'eux, pour diverses classes ou professions de la société. On devra examiner, dans les deux cas, les singularités et anomalies que peuvent présenter ces figures, soit dans leurs formes, soit dans leur nombre, soit dans leur disposition.

Un autre genre de figures que l'on rencontrera souvent dans les portails et les porches extérieurs, et qui semblent appartenir d'une manière particulière à cette façade extérieure de l'édifice, sont les lions, comme nous l'avons déjà dit. Les formules que nous avons citées autorisent à penser que la présence de ces figures était obligatoire, au moins à certaines époques et dans certains pays, pour leur imprimer un caractère solennel et régalien, soit comme siége de justice ecclésiastique ou civile, soit comme emplacement affecté à certains actes qui devaient être entourés d'une grande authenticité. Plus de semblables idées sont éloignées de nos mœurs, et plus on devra mettre de soin dans la recherche de ces lions, qui figurent, tantôt sculptés isolément et portés sur des colonnes en avant du monument, tantôt amoncelés en groupe dans des stylobates, des chapiteaux ou des impostes.

Nous avons déjà signalé le goût de nos devanciers du XIII<sup>e</sup>

siècle pour tous les jeux de la lumière décomposée ou réfléchie. C'est à eux que l'on doit les verres colorés que l'on trouve dans les revêtements de certains portails et clochers, et qu'ils y appliquèrent quelquefois sur de vastes surfaces. On peut concevoir l'effet merveilleux qui en résultait quand le soleil venait à les frapper de ses rayons. Il subsiste malheureusement bien peu d'exemples et même de vestiges de cette splendide décoration, dont les moindres parcelles devront être recherchées et signalées.

H. Nous avons indiqué les circonstances qui introduisirent, postérieurement à son origine, les clochers dans le plan de la basilique chrétienne, et nous avons fait remarquer combien il était rare de les rencontrer en France isolés de l'église, comme cela a fréquemment continué d'avoir lieu dans d'autres contrées, et particulièrement en Italie.

Au XI$^e$ siècle, et le plus souvent à partir de cette époque, le clocher unique ou le clocher principal, quand il y en eut plusieurs, fut placé au centre de la croisée. Cette circonstance, qui l'a fait reposer sur les quatre piliers centraux de l'édifice, lui a imprimé le plus souvent aussi la forme quadrangulaire au moins à sa base. Il en est de même, au reste, des autres constructions de ce genre, toujours appuyées sur des masses rectilignes, quel que soit leur emplacement. Dans les clochers élevés, cette forme s'arrondit plus ou moins vers le sommet, par les soins qu'ont pris les constructeurs d'abattre une ou plusieurs fois les angles, dans le passage d'un étage à un autre, de manière à présenter quelqu'un des polygones engendrés par le carré, quand la décroissance ne va pas jusqu'au cercle proprement dit. Dès une époque fort reculée on a commencé

à employer à l'établissement de clochetons l'espace laissé libre
par les quatre premiers angles abattus.

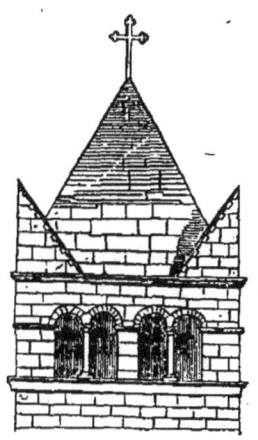

Il est rare que le clocher central ne porte pas sur un étage
ajouté à la masse de l'église, et auquel on a donné le nom de
lanterne. Cet étage, très-apparent au dehors, présente souvent,
dans ses revêtements, son ornementation, les baies dont il est
percé, les contre-forts ou clochetons destinés à le consolider,
des faits particuliers, dont il sera nécessaire de tenir compte.

Les clochers ont reçu divers noms, suivant leurs formes.
On les a appelés tours, lorsqu'ils finissent brusquement en
terrasse ou par un toit peu visible;

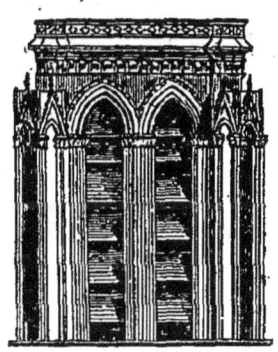

pyramides, quand la construction se termine en pointe au
moyen de retraits successifs réctilignes ou curvilignes; flèches
dans le cas où le sommet en est surmonté d'un toit aigu;

dômes, si ce toit s'arrondit en segment sphérique ou en pyramide curviligne; aiguilles, quand ils présentent un cône ou une pyramide très-allongée et tout d'une venue.

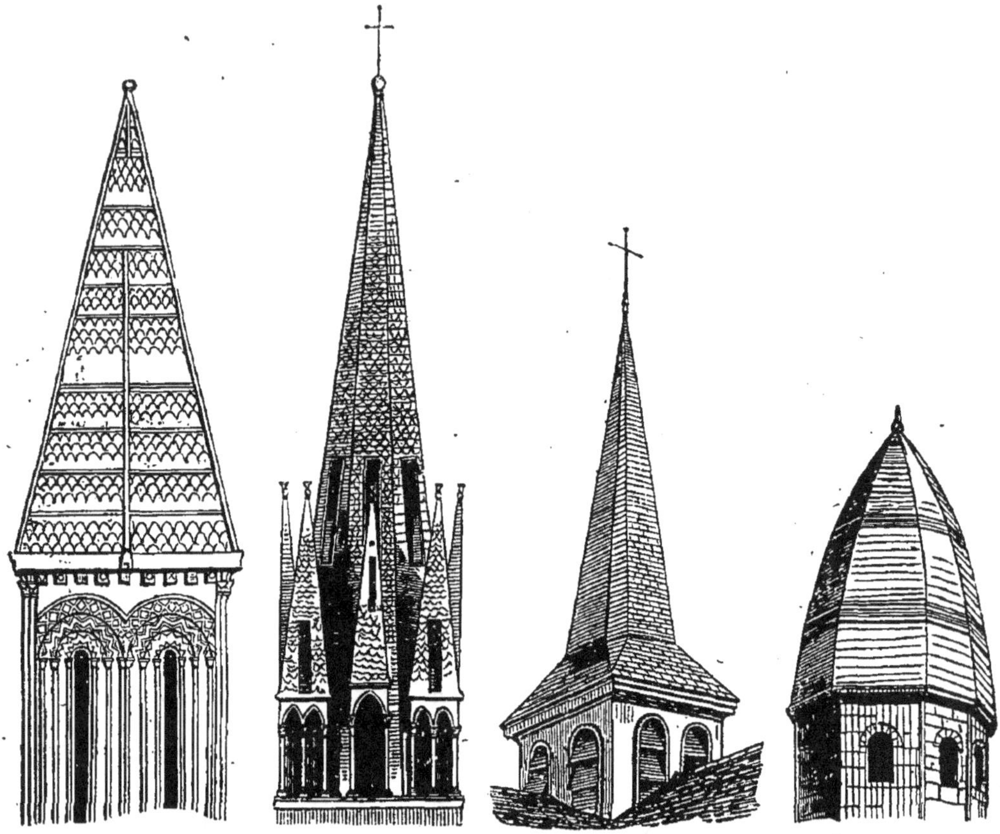

On rencontre encore, surtout dans les campagnes, le clocher à deux ou quatre pignons, dont la masse quadrangulaire est terminée par un toit à pignons peu aigus;

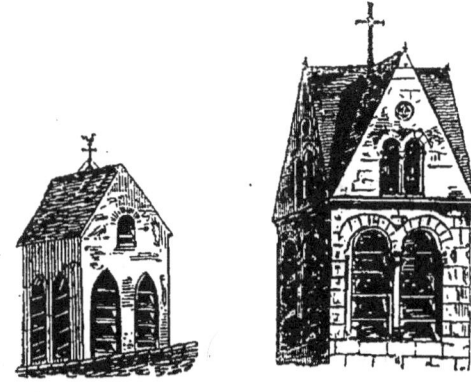

le clocher à toit de charpente, constituant une portion notable
de sa masse ; le clocher de charpente revêtu de plomb ; le clocher
de charpente couvert d'ardoise ou de bardeau ; le clocher arcade, composé d'une simple arcade à jour, sous laquelle la
cloche est suspendue.

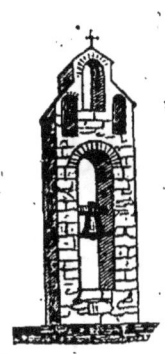

Les principaux faits à examiner dans la description d'un
clocher sont :

1° Son emplacement ;

2° Le plan de sa base et les modifications qu'éprouve ce
plan ;

3° Les matériaux et le système de construction ;

4° La hauteur jusqu'au sommet, et la hauteur des diverses
parties, quand elles établissent des divisions apparentes ;

5° La forme, les revêtements, l'ornementation de la masse,
puis de chacun des étages, en allant de la base vers le sommet,
y compris ses parties constituantes, telles que contre-forts, colonnes, arcades ou amortissement, baies ouvertes ou figurées,

et dans le premier cas pourvues ou non de divisions horizontales formées par des précinctions, des larmiers ou des abatsons; fenêtres, œils-de-bœuf, clochetons, édicules, niches, dais, statues, couronnements;

6° Le couronnement terminal, les frontons, pignons, machicoulis, créneaux, corbeaux, corniches, balustrades, antefixes, aiguilles, clochetons;

7° Le toit, sa forme, sa hauteur; la matière dont il est couvert; le nombre de ses faces; les œils-de-bœuf et autres baies dont il est percé; l'ornementation de ses arêtes et de ses faces, en relief, en intaille ou en couleur; les imbrications ou contre-imbrications qui peuvent y être figurées;

8° La matière et la forme de la croix par laquelle le clocher se termine le plus souvent en France; les objets qui pourraient l'accompagner ou la remplacer.

Nous avons indiqué ci-dessus les divers points d'une église où l'on peut rencontrer des clochers; toutes les fois qu'il en existera plusieurs, chacun d'eux devra être décrit avec des détails proportionnés à son importance. On distinguera par le nom de clocheton ceux qui sont secondaires ou qui, même isolés, n'ont jamais été destinés à recevoir des cloches, mais seulement à concourir à la décoration de l'édifice. En France, dans les églises épiscopales et abbatiales, le nombre des clochers est le plus souvent de trois, savoir: un principal au centre de la croisée, et les autres aux deux côtés du portail.

L'ornementation du clocher se compose, aux XI et XII<sup>e</sup> siècles, d'arcades superposées par étages (ordinairement au nombre de deux, dont les inférieures sont figurées et les supérieures libres). Pour peu que ces baies offrent quelque étendue, une colonne centrale les subdivise en arcades secondaires. La décoration de ces divers amortissements, de leurs archivoltes, colonnes, impostes; des contre-forts, ressauts et revêtements, est souvent fort riche, et présente un caractère remarquable d'unité et de fermeté.

Plus tard les arcades du clocher s'allongent en lancette, n'offrant plus qu'un seul étage; la colonne centrale devient prismatique et annelée à un ou plusieurs points de sa hauteur; elle finit par disparaître de l'arcade, de plus en plus aiguë, bordée de colonnettes et d'archivoltes en retraite. C'est alors qu'arrivent les toits élancés en pierre, chargés d'imbrications figurées. Souvent, à cette dernière époque, le clocher central devient secondaire, de principal qu'il avait été jusque-là.

Au xive siècle, la baie perd ses colonnes et son ornementation fine et délicate. Plusieurs ressauts, larmiers ou abat-sons viennent la diviser de nouveau à l'intérieur. Les contre-forts des quatre angles se renflent et se prolongent en clochetons arrondis. Les créneaux et machicoulis, plus ou moins ornés, signalent l'introduction du clocher comme poste militaire dans la tactique de l'époque.

Avec le xve siècle arrivent les baies évasées ou surbaissées, pourvues de meneaux au moins à leur partie supérieure, et d'abat-sons au-dessous; la division des étages marquée par des larmiers extérieurs, les lignes contournées et flamboyantes, les arcs rampants et autres ornements de détail de l'époque, décrits ci-dessus; leur exécution d'abord fine et légère s'appesantit à mesure qu'elle approche de la renaissance.

C'est encore au xve siècle qu'appartiennent les clochers de charpente revêtus en plomb, et que ce système de construc-

tion permit de hérisser de crosses et autres expansions végétales.

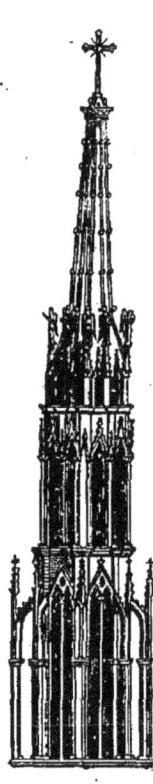

.Le xvi<sup>e</sup> substitua à tout ce luxe de pointes et d'aiguilles plusieurs ordres superposés, d'abord d'un travail fin et délicat;
puis en moindre nombre, de proportions forcées, et ce que
nous avons appelé le *flamboyant de la renaissance*, avec ses bossages, ses surfaces rustiquées et son ornementation incohérente
et théâtrale. En général, à mesure qu'on revint plus complétement à l'imitation bien ou mal entendue de l'antique dans
l'architecture religieuse, le clocher devint plus embarrassant à
placer, à élever à une hauteur considérable et à décorer. Aussi
son importance n'a-t-elle fait que décroître de jour en jour,
jusqu'à ce qu'on soit prochainement ramené à l'isoler de nouveau de la basilique, comme à l'époque de son introduction.

I. Ainsi que nous l'avons déjà dit, il est rare qu'à partir du XIe siècle la sacristie soit une portion constituante de l'église ou se distingue par les soins apportés à sa décoration extérieure. Comme cependant l'un ou l'autre de ces faits peut se rencontrer, il sera toujours nécessaire de l'examiner et d'en rendre compte sous ce double rapport.

# MUSIQUE [1].

Parmi les monuments inédits relatifs à l'histoire des arts, il en est encore de fort importants. Je veux parler ici de tout ce qui pourra donner des notions sur les connaissances musicales des Français au moyen âge. Les manuscrits et la sculpture doivent servir à éclaircir des questions dont malheureusement on ne s'occupe pas assez.

Les documents à rechercher doivent donc, comme nous l'avons dit, se retrouver dans les anciens manuscrits et dans les représentations peintes ou sculptées de la vie de nos ancêtres.

Je vais fixer l'attention d'abord sur les documents écrits. Ils peuvent se diviser en deux classes : les traités de musique et les restes d'anciennes notations. En effet c'est en comparant ce qui est dit d'une manière théorique dans les premiers, avec ce que l'on trouve employé pratiquement dans les autres, que l'on peut arriver à quelques résultats certains.

Bien que la musique des Grecs ne soit pas de notre ressort, elle a eu tant d'influence sur la nôtre, qu'il nous est impossible de la passer sous silence. En examinant succinctement quels sont les renseignements qui peuvent nous donner idée

[1] Les instructions sur la musique ont été rédigées par M. Bottée de Toulmon, membre du comité historique des arts et monuments.

de sa constitution, on voit que tout est à désirer. En effet nous n'avons, pour en juger les règles, que des traités plutôt dogmatiques que théoriques, et les documents pratiques, présentant quelque authenticité, manquent complétement, puisque avec ce qui nous reste on ne peut presque rien reconstruire. Si donc un hasard inespéré faisait retrouver quelques traités oubliés ou quelques restes de la notation de cette époque reculée, la découverte serait de la plus haute importance. -

Passons à des temps plus modernes : la musique n'a pas toujourt été en Europe ce qu'elle est maintenant; ce n'est guère que vers le xiii<sup>e</sup> siècle qu'elle a commencé à poser les premières bases d'après lesquelles sa constitution actuelle la rend digne du nom d'art, en se séparant de la poésie à la remorque de laquelle elle se traînait péniblement. Ce nouveau principe dans un art aussi ancien, ce fut la mesure, qui consiste dans la division d'un morceau de musique en parties toutes de même durée, bien qu'elles ne se ressemblent pas par les diverses valeurs dont chacune d'elles se trouve composée. Cette découverte qui apparaît au commencement du xiii<sup>e</sup> siècle, comme on doit le penser d'après les pièces qui en établissent l'existence, divise naturellement la musique en plain-chant et en musique mesurée. Les traités que l'on trouvera se diviseront donc aussi d'après ces deux spécialités.

Les traités sur le plain-chant sont certainement moins intéressants et bien plus nombreux que les traités de musique mesurée. Cependant ils peuvent présenter quelques particularités dignes d'intérêt. Lorsqu'on en trouvera, il faudra étudier d'abord leur époque, ensuite s'ils sont divisés par chapitres, enfin quelle est la matière de ces chapitres.

Comme au moyen âge l'église était le berceau de l'art

musical, la musique ecclésiastique lui servait d'éléments; un traité de plain-chant était donc la première méthode mise entre les mains des commençants.

Il ne me semble pas possible de mieux indiquer le contenu d'un travail semblable qu'en présentant le sommaire de deux traités qui se distinguent parmi les plus anciens. Celui de Saint-Nicet et celui d'Aurélien. Le premier est du vıe siècle et le second du ıxe.

### DIVISION DES CHAPITRES DU TRAITÉ DE SAINT-NICET.

1° Argumentum. 2° Canticorum sacrorum primi auctores. 3° Davidis citharæ virtus. 4° Psalmi omni generi hominum congruunt. 5° Suntque utilitate maxima. 6° Hymni. 7° Ipsius Christi Domini ac cœlestis exercitus. 8° Cum quibus omnibus et nos psallimus. 9° Lectionum et hymnorum vicissitudine delectabili. 10° Qualiter psallendum. 11° Voce consona. 12° Ex lectione uberior orationis fructus.

### DIVISION DES CHAPITRES DU TRAITÉ D'AURÉLIEN.

On voit que le premier traité est beaucoup plus vague que
le second; la manière dont son auteur disserte sur la musique
est plus spéculative que théorique. Effectivement il se ressent
encore, ainsi que tous les traités de la même époque, des ha-
bitudes des Grecs sur cette spécialité.

Le second traité, qui est du ix⁰ siècle, est bien plus avancé;
il est plus pratique: cela devait être; la grande révolution dans
la musique sacrée, dont saint Grégoire fut l'auteur, était
opérée. Les huit tons de l'église sont bien établis du chapitre VII au chapitre XVIII.

C'était en s'écartant toutefois plus ou moins de ces deux
types qu'étaient écrits les traités de musique antérieurs au
⁰ siècle.

Arrivés à cette époque, nous remarquons un auteur dont

les ouvrages sont fort importants, en les considérant relativement à une innovation qui se présente dans l'un d'eux. Je
veux parler de l'*Organum* ou *Diaphonie,* qu'Huchbald, moine de
Saint-Amand, expose le premier dans son Enchiridion. Cet
essai, dont l'effet devait être affreux, est l'origine de notre harmonie. Il serait trop long d'entrer dans les détails nécessaires
pour faire connaître à quelle idée on était redevable de cette
découverte; je ferai seulement remarquer que c'est la première
fois que l'on voit apparaître dans l'histoire de la musique
l'exécution simultanée de plusieurs notes. Il est bien entendu
que du temps de ces auteurs la musique ecclésiastique est la
seule sur laquelle il nous reste des traités. Ce n'est que vers le
XIII<sup>e</sup> siècle où quelques phrases nous montrent à de longs intervalles la preuve de l'existence d'une musique mondaine; en
effet, je l'ai déjà dit, c'est à cette époque que peut se rapporter
l'origine de la musique mesurée.

Une particularité qui fait aussi remarquer le moine de Saint-
Amand, c'est la notation qu'il emploie dans quelques-uns
de ses ouvrags. Il se sert pour cet usage de la lettre F latine,
posée dans tous les sens. Au surplus, je ne parle de cette circonstance que pour mémoire; il paraît être le seul qui ait
adopté ce système; aucun autre auteur n'en parle.

Avant d'aller plus loin je crois nécessaire d'attirer l'attention des correspondants sur un point fort important de l'histoire de la musique : je veux parler de la notation dont on
se servait pour représenter les sons. On trouve dans les traités
dont je viens de parler des exemples notés avec des caractères
également employés dans les livres liturgiques de la même
époque, et cette notation se présente sous une forme où l'on
n'est pas accoutumé à reconnaître de la musique. En effet les
sons n'étaient pas alors représentés par des lettres, comme on

le croit généralement; cette notation exista sans doute, mais ce fut postérieurement, d'une manière exceptionnelle et assez rare; à l'époque dont nous parlons, les notes musicales étaient nommées *neumes* [1].

Les neumes avaient l'aspect de notes tyronniennes. Saint Grégoire, à qui l'on attribue généralement et à tort l'usage des lettres en cette circonstance, n'employa que les neumes dans la notation de son Antiphonaire, déposé sur l'autel de Saint-Pierre à Rome. En effet le fac-simile de ce document, dont on ne saurait trop déplorer la perte, est à Saint-Gall, et les signes employés sont ceux dont nous donnons un spécimen (pl. I, fig. 1). La notation en usage aux IXe, X[e], XIe et XIIe siècles est constamment de cette nature. On la trouve aussi sur les dyptiques dont on se servait comme canon sur l'autel, et elle se changea ou se modifia de siècle en siècle; nous en donnons ici différents spécimens (pl. I, II, III et IV). Elle était, comme on peut le voir, disposée au-dessus du texte, et variait probablement, non-seulement selon l'époque, mais encore selon la localité.

L'idée d'après laquelle les neumes avaient été conçus n'était pas tout à fait aussi défectueuse que l'on pourrait le penser; car ils avaient sur la notation en lettres un grand avantage, le degré d'intonation était représenté par la hauteur ou l'abaissement du signe; c'était un moyen de mettre l'œil en rapport avec ce que devait percevoir l'oreille et exécuter la voix. Ce système, tout imparfait qu'il fût, était donc préférable aux lettres, qui n'avaient aucune corrélation avec les sons à exécuter. Seulement ce que l'on devait craindre dans une telle notation, c'était la négligence ou l'inhabileté des copistes, car

---

[1] Voyez Ducange, *Glossar. med. et infim. Latinit.* au mot *Pneuma* : « Neumæ præterea « in musica dicuntur notæ quas musicales dicimus. Unde neumare est notas verbis mu- « sice decantandis superaddere. »

l'erreur était bien facile. Aussi c'est ce qui fait dire à Jean Cotton, auteur ecclésiastique du XII⁰ siècle : « *Que si deux per-* « *sonnes discutent sur la valeur des neumes, l'une, s'appuyant sur* « *l'avis de maître Trudon, et l'autre sur le sentiment d'Albinus, un* « *troisième interlocuteur fait intervenir l'opinion de maître Salomon.* « *Si donc il est rare,* ajoute Cotton, *que trois s'accordent sur un* « *même chant, encore bien moins mille.* »

On voit que la plus grande confusion régnait dans les principes de la notation ; il était réservé à un homme dont le nom représente à l'idée une des époques importantes de la musique au moyen âge, de venir terminer ces discussions par un moyen fort simple ; c'est au moins à lui qu'il est attribué.

Guido d'Arezzo, moine de Pompose, dont les ouvrages parurent vers le milieu du XI⁰ siècle, imagina de placer les neumes dans un système de lignes, en se servant en même temps des intervalles que ces lignes laissaient entre elles, de manière à fixer positivement la place que devait occuper chaque neume. On doit à Guido une autre amélioration fort importante : elle consistait à tracer deux lignes de différentes couleurs, une rouge et une jaune ou verte, alternativement avec les autres. La première de ces lignes colorées indiquait ordinairement que la note placée dans son trajet était la note *fa,* et la ligne jaune ou verte était alors réservée à l'*ut* ; précédemment, une lettre au commencement de chaque ligne désignait le nom de chaque note (pl. IV, fig. 1 et 2).

Il ne faut pas croire que tous les manuscrits où l'on trouve les traités de Guido soient notés ainsi ; le plus ancien que je connaisse est celui de l'abbaye de Saint-Évroult, actuellement à la Bibliothèque royale, supplément latin n° 1017. La première partie de ce précieux document est du commencement du XII⁰ siècle (pl. IV, fig. 1). Ce manuscrit, dans lequel les neumes sont placés dans des lignes, est remarquable par la présence des lignes rouges et vertes. L'ancienne routine se prolongea longtemps encore, et, lorsqu'on voudra fixer l'âge d'un manuscrit d'après ce renseignement, il faudra bien examiner la localité présumée de son origine, en faisant concorder les présentes observations avec celles fournies par la paléographie et les ornements des manuscrits; moyen dont l'appréciation deviendra plus facile par la publication des ouvrages importants qui se préparent à ce sujet[1]. Ce n'est qu'à partir du XIIIe siècle que les traités de musique et la liturgie ecclésiastique présentent des notes carrées sur quatre ou cinq lignes; car le nombre de ces dernières n'était pas déterminé d'une manière invariable.

Les traités de musique, un siècle après l'époque de Guido, commencent ordinairement par l'exposition fort obscure du système faussement attribué à cet auteur, puisque ce n'est qu'un siècle après lui, dans le courant du XIIe, qu'on le voit paraître.

Il était représenté par une main gauche dont les articulations servaient à fixer dans la mémoire les notes de la gamme d'après un mécanisme fort compliqué, et cependant rendu nécessaire par l'absence inconcevable de la septième note *si*; c'est cette maladroite omission qui a donné lieu au système des *muances*, imaginé pour suppléer au demi-ton qui existe entre la septième et la huitième note de notre gamme. En raison de ce système on a été obligé d'inventer les propriétés de *bécarre*, de *nature* et de *bémol* (voy. pl. III, fig. 2).

C'est ordinairement par l'exposition de ce principe, auquel se rattache ce que l'on appelait *musique feinte, musica ficta*,

---

[1] *Éléments de Paléographie*, par M. de Wailly; *Peintures et ornements des manuscrits*, par M. de Bastard.

que commence tout traité de musique. Les chapitres suivants sont ordinairement consacrés au développement des tons de l'église; on y trouve les règles d'après lesquelles ils sont constitués, ainsi que les chants ecclésiastiques écrits d'après leurs principes, et les différences admises dans la composition de ces derniers. Le tout est ordinairement accompagné de réflexions vagues sur les auteurs présumés de la musique, parmi lesquels on place toujours Tubal et Moyse, et sur l'excellence de cet art.

Les traités de plain-chant se maintiennent dans ce système, avec plus ou moins de développement, jusqu'au XVII<sup>e</sup> siècle, époque à laquelle ils sont regardés comme faisant partie d'une spécialité toute particulière de l'art musical.

En revenant à parler de l'état de la musique où je l'ai laissée au XII<sup>e</sup> siècle, je rappellerai ce que j'ai déjà dit plus haut : c'est environ cent ans après que paraissent les premiers traités de musique mesurée.

Il est fort difficile d'indiquer avec précision la manière dont ils sont conçus. Les auteurs, sur cette matière, divisaient ordinairement leurs travaux en deux sections; la mesure comme on l'entendait alors faisait à elle seule l'objet d'un ouvrage séparé, et le contre-point ou composition de cette époque en formait un autre. On les trouve au surplus aussi souvent réunis que séparés.

Les traités sur la mesure comprenaient ordinairement, après l'exposition des figures ou notes musicales, les principes de division relatifs à chaque note; la LONGUE était régie par le *mode*, la BRÈVE par le *temps* et la SEMI-BRÈVE par la *prolation*. Les règles sur la valeur des notes étaient fort nombreuses, les premières étaient ordinairement relatives aux *ligatures*, d'après lesquelles les notes liées ensemble dans la même figure variaient de valeur. Venaient ensuite les chapitres de la *per-fection*, de l'*imperfection* et de l'*altération*; c'étaient autant de principes par lesquels la valeur des notes changeait en raison de la place qu'elles occupaient, en considérant la note qui précédait comme celle qui suivait. Ces règles étaient ordinairement suivies de celles qui régissaient les différentes valeurs du *point*, comme aussi la *diminution*, qui divisait par moitié ou par tiers toutes les notes à la fois. La division par tiers n'eut lieu qu'antérieurement au xv<sup>e</sup> siècle. Le chapitre qui terminait était ordinairement réservé aux *pauses*. Je ne parle pas ici des *proportions* qui ont rendu si difficile la traduction des morceaux de musique du xvi<sup>e</sup> siècle, car elles n'ont commencé à être en usage qu'à la fin du xv<sup>e</sup>, et la présence de l'imprimerie fait sortir cette circonstance du cadre dans lequel nous nous renfermons ici.

Les plus anciens traités de contre-point sont généralement fort vagues; ils présentent des règles qui ne sont que des formules. Un plain-chant à accompagner, et que dans ce cas l'on nommait *ténor*, est presque toujours ce qui constitue la composition de cette époque. On indique le plus souvent les intervalles harmoniques à adopter d'après les intervalles mélodiques. Ainsi, dans un des plus anciens traités de contre-point en langue vulgaire (il est du xiii<sup>e</sup> siècle), l'auteur s'exprime en ces termes :

« Quiconque veut déchanter, il doit premiers savoir qu'est
« quand et double, quand est la quinte note, et double est la
« witisme, et doit regarder se li chans monte ou avale: se il
« monte, nous devons prendre la double note; se il avale, nous
« devons prendre la quinte note. Se li chant monte d'une note,
« si comme *ut re*, on doit prendre le déchant du double deseure,
« et descendre deux notes, si comme il appert, etc. » Dans le

reste du traité les différents mouvements de la voix du chant ou ténor sont à peu près tous prévus, et les règles des intervalles harmoniques à adopter sont fixées d'avance.

Dans les traités anciens, les intervalles sont divisés en *concordances* et en *discordances*. Les premières sont de trois espèces : les parfaites, les imparfaites et les moyennes. Les discordances pouvaient être parfaites et imparfaites. Viennent ensuite des règles, plus compliquées que les précédentes, sur les concordances, toujours d'après le mouvement du ténor.

La réunion du ténor et des intervalles accompagnants constituait donc le contre-point, qui se divisait alors en diverses espèces. Vers le xv<sup>e</sup> siècle, les traités de contre-point sont beaucoup plus développés; ils indiquent les concordances que l'on devait choisir dans le courant d'un morceau, comme aussi celles à adopter pour le commencer et le finir, etc; le tout est mêlé de chapitres dans lesquels chaque concordance et chaque discordance est examinée particulièrement. Au surplus, tous ces détails sont d'autant plus abondants que le traité est plus complet. C'est avec toutes ces circonstances que se présente celui de Gafforio, imprimé pour la première fois en 1496.

Nous allons examiner maintenant les restes de la musique pratique. Celle qui peut avoir quelque intérêt, la musique mesurée, nous l'avons déjà dit plusieurs fois, ne date que du xiii<sup>e</sup> siècle. Toute musique avec des paroles en langue vulgaire est le plus souvent mesurée. Lorsqu'on' en trouvera, il faudra la copier avec la plus grande exactitude, mettre les points où ils se trouvent dans l'original; il est essentiel que les queues soient exactement conservées dans leurs positions et leurs dimensions; la valeur d'une note étant changée par la position mal observée d'une queue. Une négligence de cette espèce suffit pour rendre impossible la traduction de tout un morceau; car il serait encore plus difficile de trouver la place d'une valeur omise dans un morceau d'ancienne musique, que de restituer de nos jours une valeur passée dans un morceau, dont on aurait même supprimé les barres de mesure : plusieurs siècles s'étant écoulés avant l'emploi de ce moyen pour établir la mesure.

La musique mesurée se rencontre dans les manuscrits en parties séparées, copiées en regard ou à la suite les unes des autres. Lorsque deux morceaux se suivent avec les mêmes paroles et des clefs différentes, on peut présumer qu'ils font partie de la même composition, lorsque la nature du manuscrit ne détruit pas d'ailleurs cette supposition. Cependant il ne faut pas croire que les morceaux du XIII<sup>e</sup> siècle ne se présentent qu'avec cette circonstance : car il en existait alors dont la nature même admettait précisément des paroles différentes pour chaque exécutant; comme aussi une partie pouvait avoir des paroles, et l'autre en être privée.

Enfin, parmi les renseignements que l'on donnera sur les manuscrits dans lesquels on aura découvert d'anciens traités ou des fragments de notation, il est essentiel d'indiquer les bibliothèques où ils se trouvent, sous quels numéros ils sont inscrits, leur origine, ou, si on l'ignore, exposer les raisons d'après lesquelles on peut l'établir.

Je finirai en parlant des représentations relatives à l'art musical que peuvent nous présenter les miniatures, les vitraux et les bas-reliefs ou sculptures du moyen âge; on en trouve souvent dans la partie élevée des vitraux représentant des paradis, ainsi que dans les apothéoses de la Vierge.

Lorsqu'on en rencontrera, il faudra bien préciser dans le rapport que l'on en fera la position des exécutants les uns par

rapport aux autres; s'ils chantent ou s'ils emploient des instruments : dans ce dernier cas, les décrire un à un, ou mieux
encore les représenter par un dessin très-fidèle; préciser le
nombre de cordes, de chevilles ou de trous, comme aussi la
forme de chaque instrument, si ces détails peuvent être appré-
ciés; la manière dont il est joué et dont les mains de l'exécutant sont posées; enfin annoncer si la forme en est connue ou
non. Nous mettons sous les yeux des correspondants plusieurs
dessins qui représentent les principaux instruments du moyen
âge (pl. V, VI et VII).

Je ne dois pas terminer sans faire observer que les recherches pour découvrir les documents que je viens de signaler
doivent s'étendre aux objets qui semblent avoir le moins de
rapport avec notre spécialité. En effet, les fragments d'ancienne
notation se rencontrent non-seulement dans les manuscrits relatifs à la musique, mais encore sur les parchemins employés
par les relieurs, comme aussi en fragments isolés dans les manuscrits étrangers à l'art qui nous occupe. Enfin les représentations d'instruments se retrouvent non-seulement sur nos anciens
monuments, mais encore sur les vieux meubles, les bois sculptés et les objets d'art de toute espèce. Je finirai par l'assurance
qu'aucun détail ne paraîtra puéril ou superflu dans cette partie, où presque tout est encore dans le vague et l'incertitude.

# APPENDICE.

## PLANCHES DES *FAC-SIMILE*[1].

Pl. I. Fig. 1. Spécimen d'un Antiphonaire copié sur l'original déposé par saint Grégoire sur l'autel de Saint-Pierre de Rome. Cet Antiphonaire, apporté dans le viii<sup>e</sup> siècle à l'abbaye de Saint-Gall, se trouve encore dans la bibliothèque de ce couvent sous le n° 359.

> La communication de cette pièce importante est due à l'obligeance de M. le conseiller aulique G.-R. Kiesewetter, membre correspondant du comité, à Vienne.

Fig. 2. Tiré du ms. n° 192, bibliothèque de l'Arsenal.

Pl. II. Fig. 1. Fragment du Martyre des Vierges folles, tiré du ms. n° 1139, ancien fonds latin, Bibliothèque royale, autrefois à Saint-Martial de Limoges.

Fig. 2. Tiré du ms. n° 7202, ancien fonds latin, Biblioth. royale.

Pl. III. Fig. 2. Tiré du ms. n° 5344, ancien fonds latin, Biblioth. royale.

Pl. IV. Fig. 1. Tiré d'un ms. intitulé *Guidonis opera*, n° 1017 supp<sup>t</sup> latin, Bibliothèque royale, autrefois à Saint-Évroult.

Fig. 2. Tiré d'un fragment de couverture, aujourd'hui à la Bibliothèque royale, dans un carton de feuilles séparées, relatives aux anciennes notations musicales.

Pl. V, Pl. VI, Pl. VII. Les diverses figures d'instruments publiés sur ces trois planches sont tirées de manuscrits et de monuments indiqués sur les planches elles-mêmes.

---

[1] On s'est attaché principalement à reproduire le type de la notation de chaque époque, bien que l'écriture qui l'accompagne présente quelquefois des doutes sur a date qui lui est attribuée.

*Pl. I.*

# VIII.<sup>me</sup> Siècle.

*Fig. 1.*

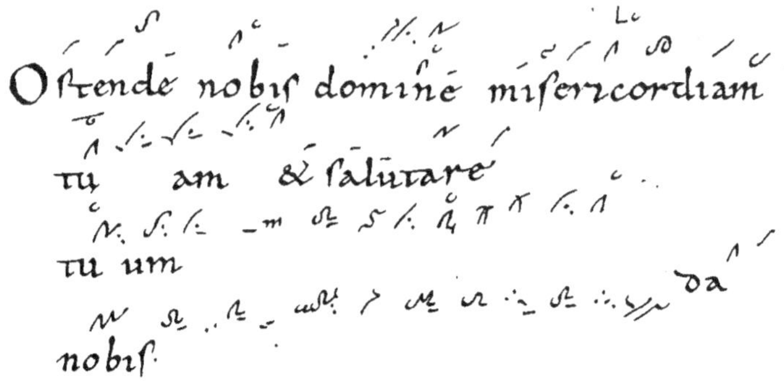

Ostende nobis domine misericordiam

tu am & salutare

tu um

nobis

# IX.<sup>me</sup> Siècle.

*Fig. 2.*

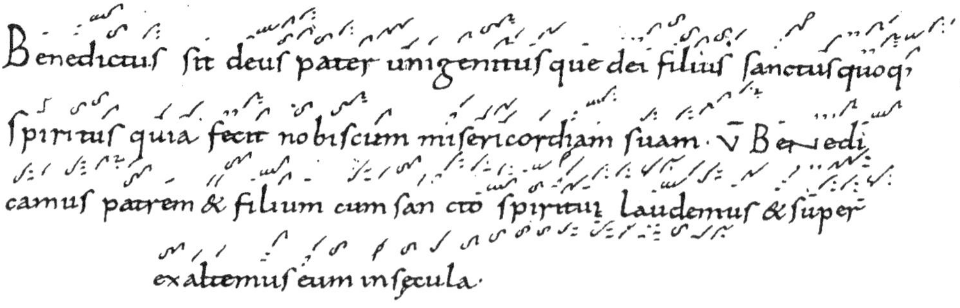

Benedictus sit deus pater unigenitusque dei filius sanctusquoq;

spiritus quia fecit nobiscum misericordiam suam . ꝰ Benedi

camus patrem & filium cum san cto spiritu laudemus & super

exaltemus eum insecula.

*Pl. II.*

# X<sup>me</sup> Siècle.

*Fig: 1.*

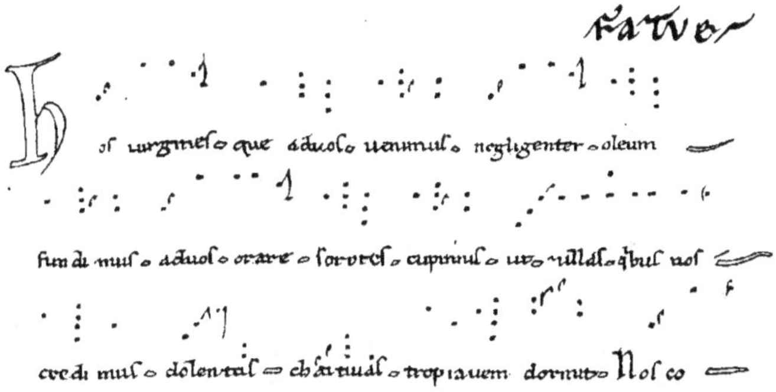

# XI<sup>me</sup> Siècle.

*Fig: 2.*

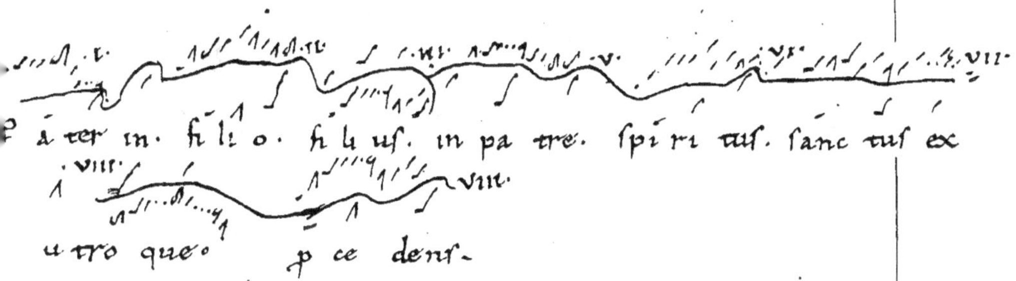

*Fac-simile par F. Lepelle .*                    *Lith. de F. Letronne, à Paris .*

Pl. III.

# XII<sup>me</sup>. Siècle.

Fig. 1.

Bea aiſuiſ mauriuſ clariſſimo genere exoraſ ſco benedicto nutrien uſ aparentabuſ elt tradituſ. Dorꝰ aīm Beauiſuur Cuucum adhuc uunoꝛ boniſ polleret moꝛib; magiſtri cepto adiutor exiſtere eteuſ miraculoꝛ co opatoꝛ ee Dorꝰ aīm Quare Hunc ſanctuſ benedictuſ ita inſti ſeru tio diligenter informauit ucnemini poſt ipſum infancta obſeruatione fuero ſecunduſ Dorꝰ aīm Cumnuocaret Corpuſ namque ppruum ieiuniſ abſti nentia atque uigiliſ oeninuſ ſemp ecloma bat frigoribuſ Verbamea Dorꝰ aīm Exemplo magiſtri ſui puocatuſ intleſinenter carnem macerabat Dorꝰ aīm dūe diūiſ Hiſ ergo plenter excreſcenſ uircutib; ſancto bene

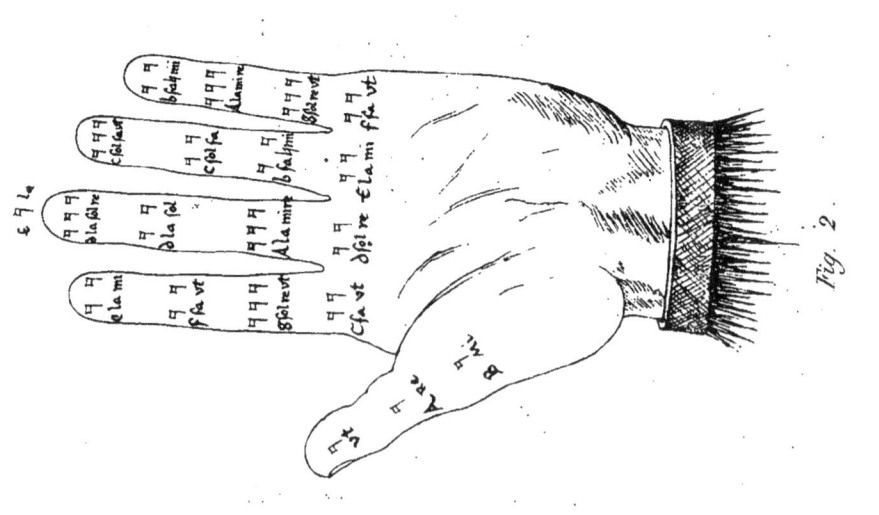

Fig. 2.

*Pl. IV.*

Fig. 2. **XIII**<sup>me</sup> Siècle.

**XII**<sup>me</sup> Siècle.

Fig. 1.

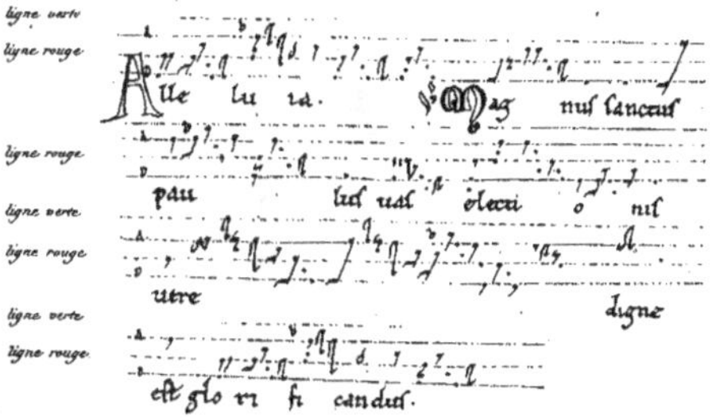

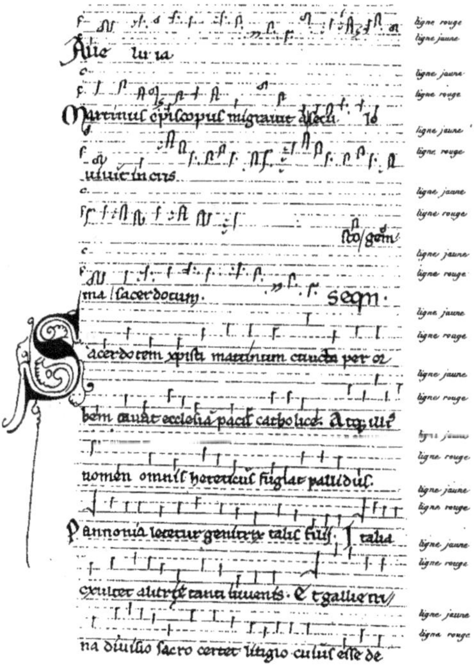

Fac-simile par F. Lepelle.

Pl. V.

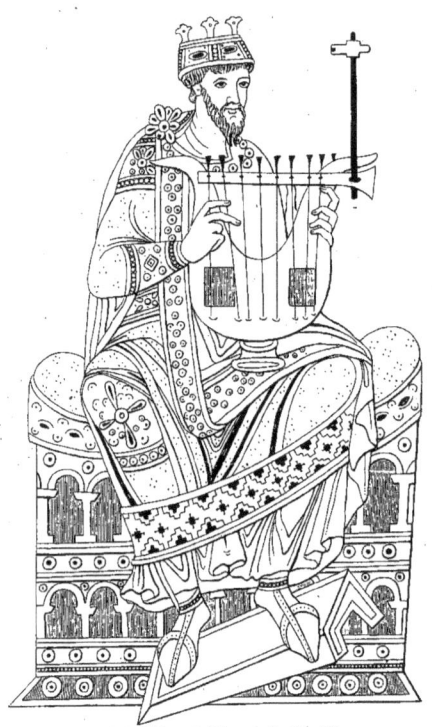

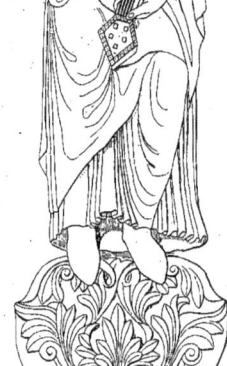

Fonds de l'Abbaye de S.t Germain des Prés. N.º 3o.

Pl. VI.

Tiré d'un Bassin en Émail trouvé à Soissons.

Manuscrit N° 7211.

Manuscrit N° 6737. 3.

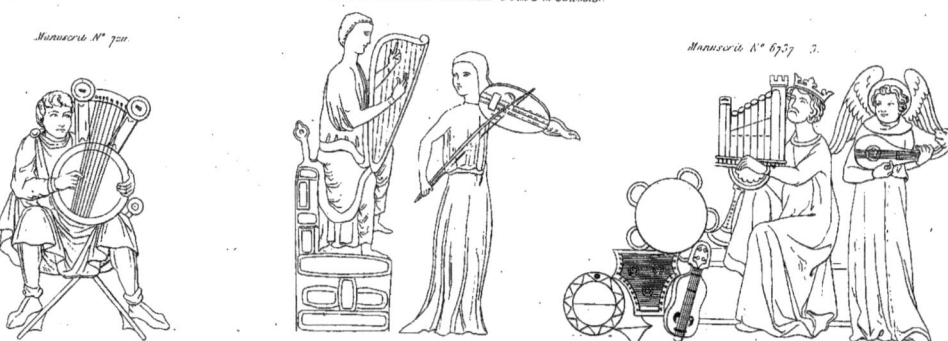

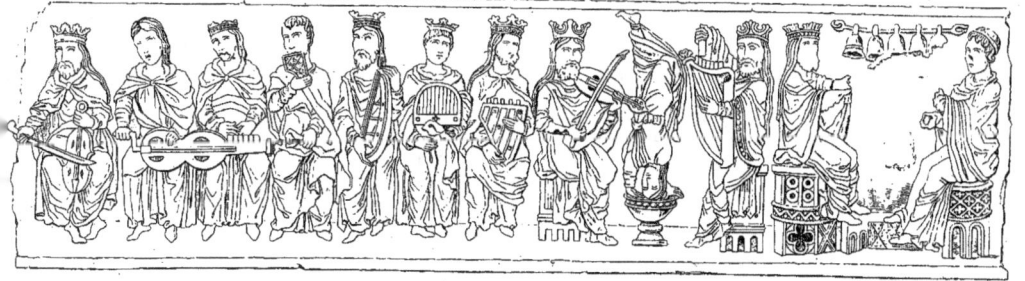

Chapiteau de St Georges de Boscherville. XI.e Siècle.

Pl. VII.

Tiré d'un

Manuscrit du XII.ᵉ Siècle.

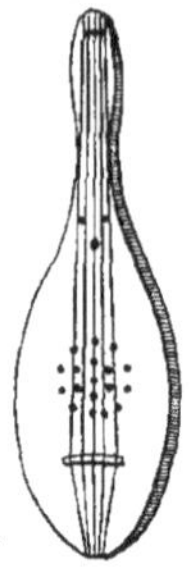

Manuscrit du VII.ᵉ Siècle.

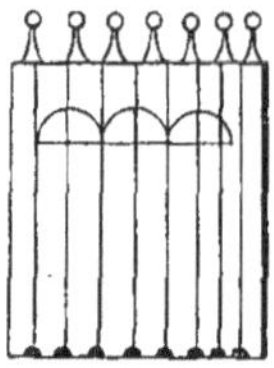

Manuscrit du XII.ᵉ Siècle.

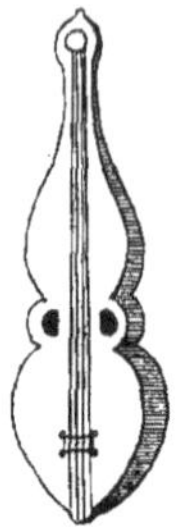

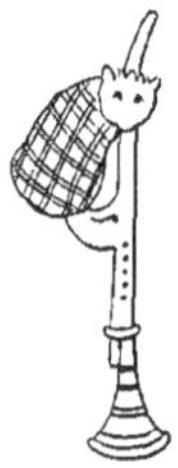

Manuscrit du XII.ᵉ Siècle.

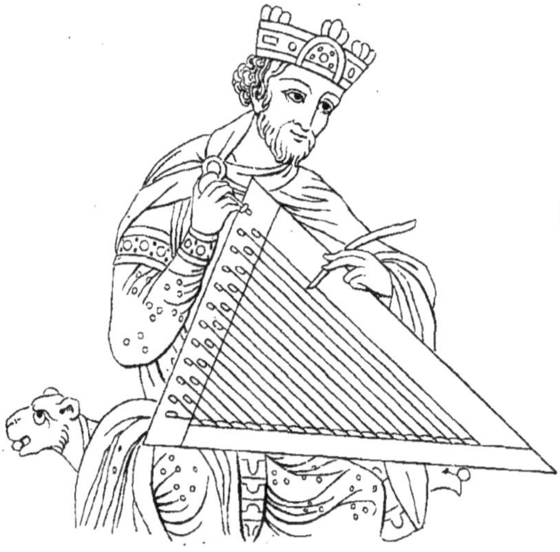

Evangile de Lothaire Nᵒ 266.

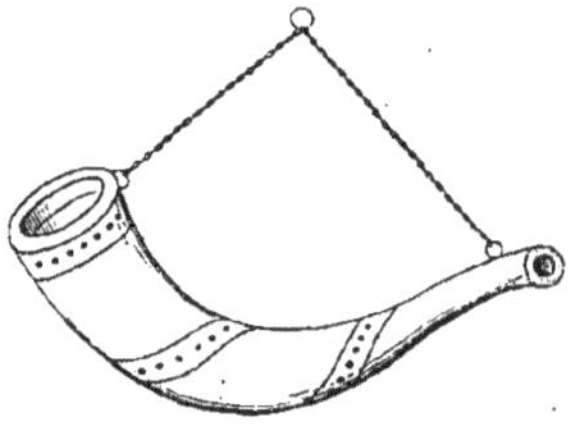

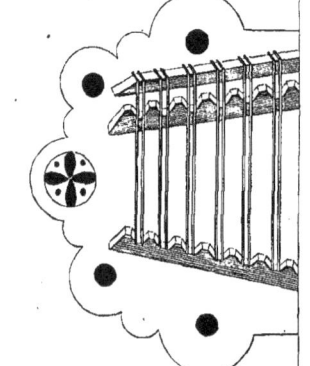

Manuscrit Nᵒ 4. Belgique, dépôt des Cordeliers.

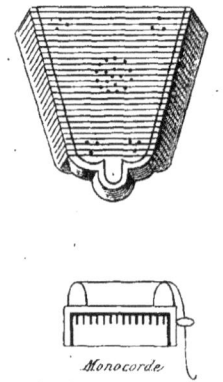

Manuscrit du XII.ᵉ Siècle.

Monocorde

d'un Manuscrit du VIII.ᵉ Siècle.

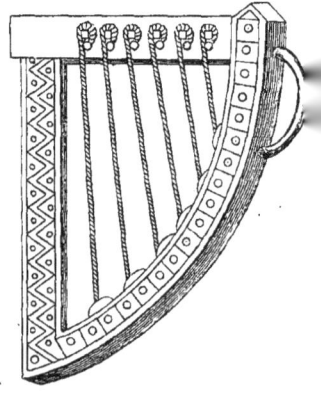

www.ingramcontent.com/pod-product-compliance
Lightning Source LLC
Chambersburg PA
CBHW071635220526
45469CB00002B/621